El discípulo

Cómo gozar de una comunión
renovada con Jesucristo

Juan Carlos Ortiz

PENIEL

Buenos Aires - Miami - San José - Santiago
www.peniel.com

EDITORIAL PENIEL
Boedo 25
Buenos Aires, C1206AAA
Argentina
Tel. 54-11 4981-6178 / 6034
e-mail: info@peniel.com
www.peniel.com

Diseño de portada e interior:
ARTE PENIEL • arte@peniel.com

Originally published in english under the title: *The Disciple*
by Relevant Media Group, Lake Mary, Florida, USA
Copyright © 1996 by Charisma House
All rights reserved.

Available in other languages from Strang Communications,
600 Rinehart Road, Lake Mary, FL 32746 USA,
Fax Number 407-333-7147 / www.charismahouse.com

Ortiz, Juan Carlos
El discípulo. - 1a ed. - Buenos Aires, Argentina : Ciudad Autónoma de Buenos Aires : Peniel, 2017.
240 p. ; 14x21 cm.
Traducción de: Evangelina Daldi.
ISBN 978-987-557-643-8
1. Vida Cristiana. I. Daldi, Evangelina, trad. II. Título.
CDD 248.4

Impreso en Colombia / *Printed in Colombia*

Contenido

Prefacio 7

PRIMERA PARTE: *El vino nuevo* 9

1 El "Evangelio según los evangélicos" 11

2 El Evangelio del reino 21

3 Siervos de Dios 31

4 La vida en el reino 39

5 El oxígeno del reino 49

6 Primer grado de amor: Amar al prójimo 57

7 Segundo grado de amor:
  El amor entre creyentes 63

8 El grado más alto de amor:
  Amor como el puré de papas.......................73

9 El idioma del reino de Dios 79

10 El romance con Dios..............................93

11 Con los ojos abiertos 97

SEGUNDA PARTE: *Los odres nuevos*................107

1 La perpetua niñez 109

2 ¿Niños por siempre? 111

3 ¿Qué es la comida sólida? 133

4 El crecimiento espiritual de los creyentes 143

5 ¿Miembros o discípulos? 157

6 Formación de discípulos 169

7 Las santas tradiciones 181

8 Cambio de tradiciones 189

9 Después del domingo por la mañana 197

10 Características de la célula 211

11 La promesa del Padre: Un corazón nuevo..............221

12 La promesa del Padre: Un nuevo poder..................229

Prefacio

Juan Carlos Ortiz, ¡qué personalidad y qué escritor! Las páginas subsiguientes le darán a conocer a uno de los más preciosos y humildes siervos de Dios en la América Latina contemporánea. Juan Carlos Ortiz es auténtico. No se vale de circunloquios. Escribe tal como habla y habla tal como escribe. Y lo que escribe no es esa pesada e incomprensible teoría basada en algunas pocas cosas que haya podido entresacar de algún libro polvoriento de una biblioteca bonaerense. Todo lo contrario. Su mensaje de estímulo a la Iglesia es el tema central en la amplia gama de experiencias de un pastor consagrado por entero a su ministerio en la ciudad de Buenos Aires.

Las ilustraciones que usa Juan Carlos lo harán pensar. Y otras veces, lo harán lagrimear. Y si usted es como yo, algunas experiencias que comparte lo harán descostillarse de risa. En estas páginas, hay un poco de todo y, por lo tanto, me permito hacerle una advertencia razonable: una vez que se adentre en la lectura de este libro, le garantizo que se sentirá cautivado. Puede darse el caso de que usted no acepte toda la teología de Juan Carlos o sus varias interpretaciones, pero no permita que ello sea motivo para dejar de lado este libro. Siga leyendo porque cualquier desacuerdo que pueda tener pronto carecerá de importancia, mientras el autor comparte con libertad y sinceridad aquello que Dios está realizando en América Latina a través de sus hijos.

El tema preponderante del libro es el amor: amor fraternal, amor al prójimo, el amor "Puré de Papas" y otros grados de amor. Nos muestra que, para el seguidor de Jesús, este amor debe producir una comprensión radical, clara, de lo que es el discipulado cristiano. Para Juan Carlos, la preparación y el equipamiento de hombres y mujeres para el servicio cristiano es la razón de ser de la Iglesia. Y este libro, definitivamente, trata sobre la Iglesia.

Juan Carlos, además de un hermano, es un amigo muy querido, y me siento sumamente complacido de que su mensaje claro y preciso no esté limitado a unos pocos privilegiados latinoamericanos, porque en él tenemos verdaderamente a un hombre de Dios con un mensaje que la Iglesia, en todo el mundo, necesita conocer hoy.

Es probable que cuando usted llegue a la última página sienta un enorme deseo de darle un cálido abrazo y decirle con toda sinceridad: "¡Muchas gracias, Juan Carlos!".

DR. W. STANLEY MOONEYHAM
Presidente de Visión Mundial Internacional

Primera parte

El vino nuevo

¿Qué es un discípulo? Es un aprendiz, uno que sigue e imita a Jesucristo, uno que une su destino al de su Maestro, uno que se compromete, "se casa" con Él, se niega a sí mismo para seguirle. Un discípulo de Jesús se embarca en el proceso de llegar a ser como Él y hace de los intereses de su Señor los suyos propios. Si pensamos en Jesús solamente como uno que nos hace el favor de llevarnos al cielo al morir, tendremos un cristianismo flojo y débil. Llamarnos cristianos y asistir a una iglesia no significa que somos discípulos de Jesús. Si comprendemos quién es Él, nuestro amor y agradecimiento nos hará postrarnos a sus pies y entregarnos sin restricciones. Él nos libró de la esclavitud del pecado y de Satanás, y nos trasladó a su reino. El es nuestro Rey y Señor, y nos comprometemos con Él para toda la vida. Le serviremos como un esclavo a su amo, aunque nos llama amigos. Le servimos porque lo amamos. Nos liberto de la esclavitud del pecado y de Satanás, y ahora es nuestro Maestro y Dueño. Seguir a Cristo significa amarlo, adorarlo, obedecerlo, estar continuamente conectado con Él, alabarlo y procurar que todos nuestros conocidos se hagan discípulos de Él. Discípulo es uno que ha creído en el evangelio del reino de Dios.

1

El "Evangelio según los evangélicos"

"¿Por qué me llaman ustedes
'Señor, Señor', y no hacen lo
que les digo?"

(Lucas 6:46)

En nuestro idioma castellano, sucede algo interesante con la palabra "Señor". Usamos esta palabra para dirigirnos tanto a un ser humano como a Jesús. Decimos: Señor Pérez, Señor Fernández y Señor Jesús. La palabra *Señor, Kirios* en el Nuevo Testamento, significa 'dueño, amo, autoridad máxima, el preeminente, el que está por encima de los todos los demás'. No tiene el mismo significado que cuando decimos Señor Pérez, que es solo un término de respeto. En el Imperio Romano, se usaba la palabra señor para el Emperador, porque le asignaban divinidad, y era el Amo. Los esclavos usaban esta palabra para referirse a sus amos. El amo era un *kirios*, pero el

El discípulo

emperador era *El Kirios*. Él era "El Señor". Los funcionarios de estado y los soldados se saludaban diciendo: "¡César es el Señor!". Y la respuesta habitual era: "¡Sí, César es el Señor!". *Kirios* significa 'Amo, Dueño, Primera autoridad'.

Esta falta de distinción entre "Señor Pérez" y "Señor Jesucristo" ha hecho que perdiéramos el verdadero concepto o significado de la palabra *Señor*. En inglés, en cambio, la palabra *señor* para una persona es *Mister*, pero para Jesús es *Lord*. Sin embargo, también se les da el título de *Lord* y *Lady* a personas de la aristocracia inglesa, por lo que ya se ha vulgarizado; en inglés también ha perdido su verdadero sentido.

Los creyentes comprendían bien el significado de la palabra *Kirios*, y Jesucristo era su Kirios o Señor; el César no era *El Señor* para ellos. Cuando un soldado les decía: "César es el Señor", el creyente le contestaba: "No, Jesucristo es el Señor". Por supuesto, esto les creaba dificultades y persecución oficial. César sabía que los cristianos estaban totalmente comprometidos con otra autoridad y que si tenían que elegir, optaban sin dudas por Jesús, aunque les costara la vida. Para los creyentes, Jesucristo era más que su padre, su madre, su esposa, sus hijos, sus casas, sus tierras, antes que sí mismos y, por supuesto, antes que el propio César. Su actitud decía: "César, tú puedes contar con nosotros, pero cuando lo que nos mandas está en contra de lo que manda Jesús, obedeceremos a Él y no a ti. Él nos libró del pecado y de Satanás, y nos trasladó a su reino, por lo tanto le debemos nuestras vidas. Él es el primero, es El Señor, es Dios y es nuestra máxima autoridad". No es de extrañarse entonces que el celoso César hiciera perseguir a los cristianos. No los obligaba a cambiar de religión, sino a ¡negar a Jesús! César permitía otras religiones en su imperio, pero los creyentes no tenían una religión, sino una adhesión a la persona de Jesús, quien era su verdadero emperador o Rey. César tenía celos de Cristo.

El evangelio del reino de Dios nos enseña que Cristo es el Rey, que en este momento es la autoridad máxima. Jesús es el eje de nuestra redención sobre el cual gira toda nuestra vida en el reino. Él es nuestra cabeza, nuestro esposo, la piedra angular del edificio de la salvación. El evangelio es una buena noticia basada en la gracia de nuestro Señor Jesucristo, el amor de Dios nuestro Padre y la comunión del Espíritu Santo. El Padre Dios le dio al Hijo la autoridad máxima, hasta que ponga a todos sus enemigos bajo sus pies.

Sin embargo, más que nunca, en estos últimos tiempos, hemos venido bebiendo otro evangelio, más centrado en nosotros que en Jesús. Un evangelio que lo presenta como salvador, sanador, prosperador, pero no como Señor. La gente se acerca entonces a ver qué le puede sacar a Jesús, qué va a recibir de Él, en vez de acercarse para poner toda su vida en sus manos. De esta manera, Jesús es nuestro siervo y tiene que darnos y hacer todo lo que le pedimos. Nosotros somos los señores, y Él es nuestro siervo. Decimos: "Señor dame esto, dame aquello, bendíceme, sáname, prospérame, dame un mejor trabajo, haz que me aumenten el sueldo, etc.". Basta ir a un culto de oración y escuchar las oraciones con sus largas listas de pedidos para darse cuenta de que tratamos a Jesús como si fuera nuestro sirviente. Nuestro evangelio o buenas noticias que damos a la gente dice: "El Señor te va a dar esto y aquello". Anunciamos un evangelio de ofertas. El predicador dice: "Señores, acepten a Jesús como salvador, sanador". En realidad, el llamado no debería ser aceptar a Jesús, sino entregarse a Jesús, darle sus vidas. Porque el que pierde su vida en Cristo es el que la halla y no al revés. No es tanto que nosotros aceptemos a Jesús, sino que es Él quien nos acepta a nosotros. No somos nosotros que lo elegimos a Él, sino que Él nos eligió a nosotros. Algunos hasta dan la idea de que si se hacen cristianos, le están haciendo un favor a Jesús o al pastor.

A veces para que la gente acepte a Jesús, les prometemos el oro y el moro. Apelamos a sus intereses y no a los del reino de Dios. Si presentamos a Jesús solo como salvador, sanador, solucionador de todos nuestros problemas y el que nos va a llevar el cielo cuando muramos, entonces no es el evangelio del reino de Dios, sino de nuestro reino. En nuestras reuniones, se puede notar quién es el centro. La disposición del mobiliario –bancos, púlpito, parlantes, programa– es para el hombre. Muchos sermones están preparados no tanto para decirnos la voluntad de Dios, sino para suplir las necesidades del ser humano. No es que Dios no quiera suplir nuestras necesidades, pero Jesús dijo: "*Más bien, busquen primeramente el reino de Dios y su justicia, y todas estas cosas les serán añadidas*" (Mateo 6:33). Es precisamente al revés de como lo hacemos nosotros. Nosotros ponemos los caballos detrás del carro. Si nos entregamos totalmente a Cristo para amarlo, servirlo, adorarlo, agradarle y anunciarlo a los perdidos, olvidémonos de nuestras necesidades, Él las suplirá por añadidura.

Y con nuestros himnos ocurre lo mismo. Me acuerdo que cantábamos: "Oh, Cristo *mío*". ¡Somos nosotros los que somos de Él! "Mándanos lluvias copiosas, Dios, manda tu gran poder". "Y todos unidos en la fiesta, es Cristo quien va a servir". Gracias a Dios que con el movimiento carismático de los años 60 y 70, se suplantaron muchos himnos centrados en nosotros, y aparecieron muchas doxologías; en vez de pedir, comenzamos a darle alabanza y adoración. Sin embargo, todavía no hemos descubierto cabalmente que "... *de Él, y por Él, y para Él, son todas las cosas*" (Romanos 11:36 RVR). Quizás si estuviéramos más centrados en Dios y sus intereses, las necesidades de esta vida nos serían suplidas sin que las prediquemos ni las pidamos.

¡Y qué decir de nuestras oraciones! "Señor, bendice mi hogar, bendice a mi esposo, bendice a mi hijo, mi gatito por amor a Jesús, amén". Esa oración es por ¡amor *a nosotros!* A veces usamos las palabras apropiadas, pero con una actitud equivocada. Tratamos a Jesús como la lámpara de Aladino de *Las mil y una noches*; pensamos que si lo frotamos recibiremos lo que queremos. No es de extrañarse que Kart Marx llamara a la religión el opio de los pueblos. Percibía que nuestro evangelio con frecuencia promete una vía de escape de los dolores y de las necesidades. Pero Jesucristo no es un opio. Él es el Señor. Debemos venir a Él y entregarnos de alma y cuerpo a hacer su voluntad. Es así como nos salvamos de nosotros mismos. Si Él es el Señor, nosotros somos sus siervos. Si Él es el Señor, cuando nos habla, le obedecemos. Él nos ordenó "hacer todo lo que él nos ha mandado".

Si nuestros pastores hubieran sido amenazados por la policía y por el sumo sacerdote tal como ocurrió con los apóstoles, que les prohibieron hablar de Jesús so pena de ser encarcelados, nosotros hubiéramos orado así: "Oh, Padre, ten misericordia de **nosotros**. Ayúdanos, Señor. Ten piedad de **Pedro y de Juan**. No permitas que los soldados **nos** hagan algún mal. Por favor da**nos** una vía de escape. No permitas que suframos. Oh, Señor, mira lo que **nos** están haciendo. ¡Detenlos, no dejes que **nos** hagan daño!". Note el centro de gravedad de nuestras oraciones: nosotros, Pedro y Juan, que no nos hagan daño, que no suframos... Pero cuando leemos la oración que hicieron los primitivos cristianos cuando fueron amenazados de persecución, en el capítulo cuatro de los Hechos, no oraron así. Fíjese cuántas veces los apóstoles dijeron *tú*, en vez de *nosotros*. Al enterarse de la persecución prometida por las autoridades, oraron así:

Y ellos, habiéndolo oído, alzaron unánimes la voz a Dios y dijeron: Soberano Señor, tú eres el Dios que hiciste el cielo y la tierra, el mar y todo lo que en ellos hay: que por boca de

David tu siervo dijiste: ¿Por qué se amotinan las gentes, y los pueblos piensan cosas vanas? Se reunieron los reyes de la tierra, y los príncipes se juntaron en uno contra el Señor, y contra Cristo. Porque verdaderamente se unieron en esta ciudad contra tu santo Hijo Jesús a quien ungiste, Herodes y Poncio Pilato, con los gentiles y el pueblo de Israel, para hacer cuanto tu mano y tu consejo habían antes determinado que sucediera. Y ahora, Señor, mira sus amenazas, y concede a tus siervos que con todo denuedo hablen tu palabra, mientras extiendes tu mano para que se hagan sanidades y señales y prodigios mediante el nombre de tu santo Hijo Jesús. Cuando hubieron orado, el lugar en el que estaban congregados tembló; y todos fueron llenos del Espíritu Santo...

(Hechos 4:24-31 RVR)

No es cuestión de semántica, sino de actitud. Nuestras oraciones son "cuídanos, ayúdanos, protéjenos". No es suficiente cambiar el vocabulario; debemos pedir que Dios tome nuestro cerebro, que lo lave con detergente, que lo cepille bien fuerte y que nos lo vuelva a colocar en una manera distinta de su posición previa. Todo nuestro sistema de valores tiene que ser cambiado. ¿Quién es el Señor? ¿Quiénes son los siervos? Y ¿quién le da las órdenes a quién? ¿Cuál es el centro de gravitación de nuestras oraciones, nosotros o Dios? ¿Dios existe para nosotros o nosotros para Dios?

En la Edad Media, la gente creía que la tierra era el centro del universo y que el sol giraba alrededor de ella. Así nosotros pensamos que somos el centro y que Dios, Jesucristo y los ángeles giran alrededor nuestro para darnos lo que les pedimos. ¡Cuán equivocados estamos! Dios es el centro, nosotros somos sus siervos. Nuestro centro de gravedad debe cambiar. Él es el sol, y nosotros debemos hacer su voluntad, no Él la nuestra.

Pero no es fácil cambiar esta actitud equivocada. Aun nuestra motivación para la evangelización se centra en torno al hombre. Me acuerdo que en el seminario nos decían: "¡Piensen en las almas perdidas! Esas pobres almas que caen en el infierno". Cada minuto que pasa, otras cinco mil ochocientas veinte y dos personas y media se van al infierno. ¿No sienten dolor por ellos? Nosotros llorábamos y decíamos: "¡Pobrecitas las almas que se pierden! ¡Vayamos a salvarlas!". ¿Se dan cuenta? Nuestra motivación no era tanto el mandamiento de Jesús de ir por todo el mundo a toda criatura, sino el amor a las almas perdidas.

Sí, debemos amar a las almas perdidas. Pero siempre la motivación debe ser hacer la voluntad de Cristo y extender su reino. No predicamos a las almas solamente porque están perdidas, sino porque esa es la voluntad de Padre y de Jesús, porque así lo pide Dios y *Él es el Señor*. ¡Obedeciendo a Jesús, las almas perdidas serán ganadas!

Este evangelio centrado en el hombre podría llamarse el Quinto Evangelio. Tenemos los Evangelios según San Mateo, San Marcos, San Lucas, San Juan y el Evangelio según los Evangélicos. Este evangelio se basa en versículos entresacados de aquí y de allá de los cuatro Evangelios. Hacemos nuestros todos los versículos que nos gustan, los que nos ofrecen o prometen algo, como Juan 3:16, Juan 5:24 y otros, y con esos versículos formamos un sistema de teología ignorando los textos que nos confrontan con las demandas de Jesucristo.

¿Quién nos autorizó para presentar solamente un lado de los dichos de Jesús? ¿Quién nos autorizó a ofrecerlo como salvador personal en vez de presentarlo como el Señor? Supóngase que en una boda, al llegar el momento de pronunciar los votos, el novio dice ante el altar: "Acepto a esta mujer como mi cocinera personal". No me cabe la menor duda de que la mujer diría: "¡Un momento! Pienso cocinar, sí, pero no voy a ser su mucama, sino su esposa. Él tiene que darme su amor, su corazón, su casa, su talento, todo".

Lo mismo es verdad respecto de Jesús. Sí, Él salva y sana, pero no podemos separar a Jesús en secciones y tomar solo las que nos gustan más. No podemos aceptarlo como salvador personal, sin aceptarlo como Señor. Somos como los niños cuando se les da una rebanada de pan con dulce; se comen el dulce y vuelven con el pan para más dulce. Volvemos a poner más dulce, se lo comen otra vez y nos devuelven el pan... Jesús dijo a las multitudes: "Ustedes me siguen por el dulce, o sea los milagros y las sanidades, pero Yo soy el pan de vida, el que no me come a mí, no tiene vida". Este Pan de Vida viene con mucho dulce, pero la vida está en el pan, no en el dulce. Es necesario que comamos el pan, si Él nos da dulce, bien, si no nos da dulce también está bien, pues tenemos el pan, lo tenemos a Él.

¿Qué le parece que sucedería si en el Congreso de Teólogos de nuestra denominación llegaran a la conclusión de que no hay ni cielo ni infierno? ¿Cuántas personas seguirían asistiendo a la iglesia después de un anuncio de esa naturaleza? La mayoría diría: "Si no hay cielo ni infierno, ¿para qué ir a la iglesia?". Pero ¿quiénes son los que vienen por Él y no por lo que Él da? Esas personas van a la iglesia por el dulce, para ser sanados, para escapar del infierno, para ir al cielo cuando se mueran, pero no para ponerse a las órdenes del Rey Jesús.

El Día de Pentecostés, después que Pedro concluyó su sermón, dijo con toda claridad: "*Por tanto, sépalo bien todo Israel que a este Jesús, a quien ustedes crucificaron, Dios lo ha hecho Señor y Mesías*" (Hechos 2:36). Cuando los oyentes comprendieron que Jesús era en realidad el Señor, "*se sintieron profundamente conmovidos*" (v. 37) y preguntaron: "*Hermanos, ¿qué debemos hacer?".* La respuesta fue: *"Arrepiéntanse y bautícense cada uno de ustedes en el nombre de Jesucristo para perdón de sus pecados, y recibirán el don del Espíritu Santo"* (v. 38). En Romanos 10:9, encontramos resumido el evangelio de Pablo: *"Que si confiesas con tu boca que Jesús es el Señor, y crees en tu corazón que Dios lo levantó de los muertos, serás salvo".* Él es salvador, pero el nombre que es sobre todo nombre es *Señor.*

Un ejemplo de lo que es el Quinto Evangelio lo vemos en el mismo pasaje: Lucas 12:32 dice: *"No tengan miedo, mi rebaño pequeño, porque es la buena voluntad del Padre darles el reino".* Este es un versículo muy conocido. Muchísimas veces prediqué sobre ese texto, y está subrayado en casi todas las Biblias. Pero ¿qué dice el versículo que sigue, el 33? *"Vendan sus bienes y den a los pobres".* Este no está subrayado en ninguna Biblia, y jamás escuché un sermón basado en este texto. Este no está en el Evangelio según los Evangélicos. El versículo 32 forma parte de nuestro Quinto Evangelio, pero el 33, aunque es también un mandamiento muy claro y específico de Jesús, lo ignoramos por completo.

Jesús nos mandó no matar.

Jesús nos mandó amar a nuestro prójimo.

Jesús nos mandó compartir nuestras posesiones con los necesitados.

Aunque en el mundo moderno, con la seguridad social, la jubilación, los seguros médicos, etc., las cosas son diferentes, sin embargo, todavía hay muchos pobres a nuestro alrededor, y debemos compartir lo que somos y tenemos. ¿Quién es el que decide cuáles mandamientos son obligatorios y cuáles son optativos? El Quinto Evangelio ha hecho algo extraño: ¡Nos ha dado algunos mandamientos obligatorios como "no fumar" y otros optativos, como "amen a sus enemigos"! Pero ese no es el evangelio del reino.

2

El Evangelio del reino

"Vengan a mí todos ustedes que
están cansados y agobiados, y yo
les daré descanso. Carguen mi yugo
y aprendan de mí..."

(MATEO 11:28-29)

Atodos nos encanta escuchar el primero de los dos versículos, el 28. Pero las palabras de Jesús *"carguen con mi yugo"* no nos resultan tan agradables. La salvación es más que ser librados de cargas y desafíos. En realidad la persona es librada de su yugo, pero para reemplazarlo con otro: el de Jesús. Él nos libra de nuestras antiguas cargas a fin de usarnos para su reino. Nos liberta de nuestros propios desafíos para que podamos enfrentar sus desafíos. Cuando la persona se convierte al Señor, deja de vivir para sí y comienza a vivir para Él.

El discípulo

El Quinto Evangelio está compuesto de todos los versículos que hemos subrayado en nuestras Biblias porque nos gustan. Pero si usted quiere saber qué parte del evangelio le falta,
lea los versículos que *nunca* subrayó. El subrayar la Biblia crea
versículos de primera y de segunda categoría. Todo es de primera importancia.

En el Antiguo Testamento, a Jesús siempre se lo profetizaba
como el Señor venidero y el Rey. Él es mayor que Moisés, David
o los ángeles. Hasta el mismo David lo llama *"mi Señor"* (Salmo
110:1). ¿De qué manera Jesús se presentó ante Zaqueo? Si en
lugar de haber sido Jesús hubiera sido uno de nosotros los que
le testificamos, nos hubiéramos aproximado así:

–¿Es usted el señor Zaqueo? Encantado de conocerlo.

–Oh, este... mucho gusto, encantado...

–Señor Zaqueo, quisiera conversar un momento con usted.
Por favor, ¿podría consultar su agenda? Sé que es una persona
muy ocupada, pero tal vez podría concederme algunos minutos. ¿Cuándo le parece que podría ser?

Esta clase de enfoque le permitiría hacer a Zaqueo la elección. Es muy posible que respondiera:

–Bueno, veamos, ¿se trata de algo importante?

–A decir verdad, pienso que es sumamente importante,
aunque tal vez usted no esté de acuerdo conmigo.

–Bien, veamos. Mmm... esta semana la tengo toda ocupada.
Tal vez algún día de la próxima semana.

Jesús nunca actuó así. Miró arriba, donde se encontraba
encaramado Zaqueo, y le dio una orden: *"Zaqueo, baja ensegui-
da. Tengo que quedarme hoy en tu casa"* (Lucas 19:5). Jesús es
el Señor, Él da la orden, y nosotros obedecemos. La salvación
no es cuestión de elegir obedecer: *"Arrepiéntanse y crean las*

buenas nuevas" (Marcos 1:15). Zaqueo tenía que decidir qué hacer con la orden. Obedecerla o no. Jesús dijo: *"El que no está de mi parte, está contra mí"* (Mateo 12:30). Obedecer es reconocer que Jesús es la autoridad, el Señor. Si Zaqueo no obedecía, entonces estaba en contra, por eso obedeció, bajó del árbol y llevó a Jesús y a sus discípulos a su casa. Al llegar, dijo:

–Querida, por favor, prepara algo de comer para esta gente.

Es posible que su esposa le dijera:

–Pero, queridito, ¿cómo no me avisaste que traerías invitados a comer?

–Querida, yo no los invité... ¡Se invitaron solos!

Jesús no necesita ninguna invitación. Él nos tiene escritos en su libro desde antes de la constitución del mundo. Él es Señor no solamente de todas las personas, sino también de sus familias y de sus casas.

Luego de haber pasado un rato cenando, Jesús dijo: *"Hoy ha llegado la salvación a esta casa"* (Lucas 19:9). ¿En qué momento fue salvo Zaqueo? Nadie le explicó el plan de la salvación. Fue salvo cuando *obedeció* al Señor. En el mismo momento en que decidió bajar del árbol, se puso bajo el señorío de Jesucristo. Salvación es estar bajo Jesús. Salvación es cuando concluimos que Jesús es nuestro Señor.

Exactamente igual ocurrió con el joven rico que preguntó: *"Maestro bueno, ¿qué tengo que hacer para heredar la vida eterna?"* (Lucas 18:18). Este joven había guardado la ley desde su niñez. Jesús le respondió: *"Todavía te falta una cosa: vende todo lo que tienes (...) Luego ven y sígueme"* (v. 22). El joven se retiró triste, sin salvación. ¿Qué hubiéramos hecho nosotros? Sin duda hubiéramos corrido hasta darle alcance y le hubiéramos dicho: "No lo tome tan a pecho, venga igual. Haremos un arreglo especial con usted". De actuar así, el joven hubiera seguido a Jesús, pero en sus propios términos y no en los del Señor. Aunque Él lo amó, lo dejó ir. Si Jesús hubiera reducido sus requerimientos, el joven realmente nunca se hubiera salvado de sí mismo.

En otra ocasión, Jesús le mandó a otro hombre que lo siguiera, y este dijo: *"Señor, primero déjame ir a enterrar a mi padre"* (Lucas 9:59). Nosotros, con nuestro evangelio aguado, le hubiéramos dicho: "Por supuesto, lógicamente, discúlpeme por hacerle el llamado precisamente ahora. ¡Cuánto lo siento! Tómese el tiempo que necesita para el entierro". Pero ¡no! Jesús le dijo que dejara que otros se ocuparan del entierro. Jesús no es rudo, sino que desde el comienzo quería dejar bien claro este principio: Él es mucho más importante que padre, madre o cualquier otra cosa. El hombre había convenido en seguirlo con un *pero*: "Déjame que primero vaya...". ¿Es que hay alguien que esté primero que Jesús? Este es otro ejemplo de alguien que quería seguir al Señor según sus propios términos. Jesús es Dios. Necesitaba hacerle ver que tenía que ser de acuerdo con sus términos, ¡Él es Dios! ¡Qué lección! Quizás una vez que este principio estuviera bien establecido en su mente y corazón, Jesús le permitiría ir a enterrar a su padre, y quizás Él mismo iría al velorio. Podía haberle dejado que fuera a dar sepultura a su padre, pero al principio de su llamamiento, este prospectivo discípulo debía aprender la lección más importante de todas: Jesús y su reino, primero. Pienso que si el discípulo hubiera dicho: "Jesús, gracias por invitarme a seguirte, ¡qué honor, qué suerte, qué privilegio! Ante tan eminente experiencia, aunque mi padre acaba de morir, no iré al entierro, ¡porque ahora, tú estás primero que todo en mi vida!", si hubiera actuado así, quizá Jesús le hubiera dicho, ve al entierro, yo mismo iré contigo...

Otro hombre le dijo: *"Te seguiré, Señor; pero primero déjame despedirme de mi familia"* (Lucas 9:61). El Señor podía haberle contestado: "Por supuesto, ve y cena con tus familiares y dales las gracias de mi parte por dejar que vengas conmigo". Pero Jesús nunca permitió que algo oscureciera el más importante principio del discipulado. Dios está **siempre** primero.

La seguridad de nuestra salvación no está basada en estar de acuerdo con ciertas doctrinas o fórmulas teológicas. Si fuera así, con tantos puntos de vista e interpretaciones diferentes, no habría seguridad de salvación. Sabemos que somos salvos cuando Dios está primero en nuestra vida. Cuando Él nos dice: "Sígueme", no nos dice a dónde o cuánto nos pagará. Simplemente nos llama. Cuando se trata de Dios, Él sabe nuestras necesidades. A Dios nunca se le pregunta mucho ni se le pone peros. Cuando Él dice sígueme, sabe lo que debe hacer.

Dios quiere que todos los *"elegidos ... según la previsión de Dios el Padre"* (1 Pedro 1:2) sean salvos. Por eso, nos manda arrepentirnos. Si le desobedecemos, es evidencia de que no somos elegidos. Si se tratara solamente de una invitación, no habría un castigo por no obedecerla. Suponga esta conversación entre usted y yo:

–Juan Carlos, ¿le gustaría un pedazo de este pastel?

–Oh, no muchas gracias –le contesto.

Usted, ante mi rechazo a su ofrecimiento, me golpea.

–¿Por qué me está golpeando? –le digo.

–Porque no quiere aceptar mi pastel.

–Pero, usted me preguntó si yo quería un trozo de pastel. ¿Se puede saber por qué me golpea? Usted no me mandó a comer el pastel, solo me invitó.

El arrepentimiento no es una invitación, es un mandamiento. De otro modo, Jesús no castigaría a los que lo rechazan. *"Dios ... manda a todos, en todas partes, que se arrepientan"*

(Hechos 17:30). Si Jesús hubiera permitido que el joven rico lo siguiera sin vender sus posesiones, hubiera sido un discípulo malparido. Toda vez que Jesús le ordenara que hiciera algo, se preguntaría: "¿Lo hago o no?". Esa es la case de personas que tenemos en nuestras iglesias, porque les hemos estado predicando el Quinto Evangelio.

Hemos sido librados de una raza de desobedientes para formar un reino de discípulos obedientes (ver Efesios 2:1-7). Salvación es salvarnos de nosotros mismos. Cuando mandábamos en nuestra vida, esta terminaba en desastre. Salvación es someterse a Cristo, estar en Cristo, y Cristo en nosotros, estar escondidos con Cristo en Dios, estar perdidos en Él. Es posible que usted no alcance a comprender qué es la expiación, pero sí puede comprender lo que significa someterse al Señor. Jesús nos compró con su sangre. Dios nos creó para Él. Nosotros obedecimos a Satanás y caímos bajo su dominio. El rescate que el diablo pidió fue que el Hijo de Dios se haga hombre, venga a esta tierra gobernada por él y derrame su sangre preciosa. El Padre y Jesús pagaron el rescate al que nos tenía cautivos. Ahora volvemos a ser de Él, tal como era en el Jardín del Edén antes que comiéramos el fruto prohibido. Dios *"nos libró del dominio de la oscuridad y nos trasladó al reino de su amado Hijo, en quien tenemos redención, el perdón de pecados"* (Colosenses 1:13-14). Al convertirnos en ciudadanos, somos otra vez de Él y estamos cubiertos con su protección. Perdernos en Él es salvarnos.

¿Qué significa: *"Venga tu reino, hágase tu voluntad en la tierra como en el cielo"* (Mateo 6:10)? Quiere decir que debemos abdicar al trono de nuestra vida, en el cual hemos estado sentados desde nuestro nacimiento, y cederle a Él el centro de nuestro ser. Antes de conocer a Jesús, yo gobernaba mi vida y así andaba…, desde que lo encontré a Él, Él gobierna, y yo estoy en camino hacia el cielo. *"Hágase tu voluntad en la tierra"* se trata de algo para aquí y para ahora, no para mañana o para los siglos venideros. Cuidado con un evangelio diluido y presentado en cómodas cuotas mensuales. Los primitivos creyentes se arrepentían, se bautizaban y eran llenos del Espíritu Santo el mismo día. El hablar en lenguas era señal de que el Espíritu los controlaba. Hoy damos muchas vueltas antes de rendirnos a Dios. Es un gran triunfo que, al invitarles, levanten la mano, pero eso no es nada más que un pequeño anticipo. Después de transcurrido un tiempo, alguien dirá: "Pronto vamos a celebrar un bautismo, ¿por qué nos se bautiza? calentaremos el agua del baptisterio, ya hay un grupo de personas que se van a bautizar, ¿por qué no aprovecha?". Esa es la segunda cuota. Si la persona dice: "Oh, no, la verdad es que no tengo interés en bautizarme", nosotros le contestamos: "Bueno, no se preocupe. Puede esperar hasta que esté dispuesto a hacerlo".

El mensaje que proclamaba la Iglesia primitiva era: *"Arrepiéntase y bautícese cada uno de ustedes en el nombre de Jesucristo para perdón de pecados, y recibirán el don del Espíritu Santo"* (Hechos 2:38). Esto era una orden, no una opción. Y luego de transcurrido cierto tiempo, viene la próxima cuota: "Sabe, hermano, tenemos que sufragar los gastos de lo que estamos haciendo aquí en la iglesia y, por eso, diezmamos nuestro dinero. Pero cuando usted diezma, el noventa por ciento que le queda le rinde mucho más que lo que le rendía anteriormente el cien por ciento de sus ingresos, porque Dios multiplicará su dinero". Apelamos a sus intereses. Así, en pequeñas dosis, en lugar de infectar a la gente con el evangelio, la inoculamos con pequeñas dosis. Formamos en ellos la actitud y el hábito de que lo que Cristo mandó es opcional.

Jesús dijo: *"Mas bien, busquen primeramente el reino de Dios y su justicia, y todas estas cosas les serán añadidas"* (Mateo 6:33). ¿Qué cosas? El contexto no deja lugar a dudas, las cosas secundarias son: comida, ropa, un techo donde cobijarse, las cosas elementales de la vida. Es muy frecuente escuchar que la gente le pide a Dios: "Dame un trabajo mejor", "te ruego que me sanes". A veces ponemos a orar por nosotros a todos los amigos y a la iglesia entera. Parece que cuesta mucho convencerlo a Dios. Si hay que rogarle tanto para que nos de las *"cosas"*, ¿no será que es porque no estamos buscando primero su reino? Él prometió darnos todas las cosas sin que le pidamos, si nuestra actitud es primero su gobierno. Es decir, si Él reina en nuestra vida. Todo lo que yo necesito hacer es obedecerle y, al mirar a mi alrededor, sin duda voy a exclamar: "¿De dónde me vinieron todas esas cosas sin pedirlas? Me fueron añadidas mientras buscaba solo hacer su voluntad".

La mayoría de los creyentes vivimos como si Jesús hubiera dicho: "Busquen primero qué van a comer, qué van a vestir, qué casa van a comprar, qué automóvil les gustaría tener, cuál empleo le producirá mayores ingresos, con quién se casarán y qué deporte van a practicar, luego…, si les sobra tiempo, si no les resulta molesto, si tienen ganas, por favor, hagan algo para mi reino en sus ratos libres". En una oportunidad, pregunté a una persona:

–¿Para qué trabaja?

–Bueno, trabajo para comer –me contestó.

–¿Y para qué come?

–Para tener fuerzas para trabajar.

–¿Y para qué vuelve a trabajar otra vez?

–Bueno, para comer otra vez, trabajar otra vez, comer otra vez…

Eso no es vivir, es solo existir. Es una vida sin propósito. Un día comprendí que el propósito de mi vida es extender el reino de Dios. Jesús dijo: *"Se me ha dado toda autoridad en el cielo y en la tierra. Por tanto, vayan y hagan discípulos ... enseñándoles a obedecer todo lo que les he mandado"* (Mateo 28:18-19). Jesús quiere conquistar todo el universo para Dios. El Padre le había dicho: "Hijo, es preciso que tú reines hasta que hayas puesto a todos tus enemigos debajo de tus pies. Pero luego que todas las cosas te estén sujetas, tú también te volverás a sujetar a mí" (ver 1 Corintios 15:25-28). Todo es cuestión de sujetarse a la Autoridad Máxima.

Después de su resurrección, Jesús dijo a sus discípulos: "Toda autoridad me ha sido dada para conquistar el universo para mi Padre. Ahora los pongo a ustedes a cargo de este planeta. Tienen que ir por todo el mundo y hacerlos mis discípulos, bautizándolos y enseñándoles a que obedezcan mis mandamientos. ¡Hagan un buen trabajo!". Es así como, centímetro a centímetro, debemos ir recuperando aquello que pertenece a Dios. Para poder trabajar para su reino, necesito comer y para comer tengo que trabajar. Pero yo no trabajo para comer ni como para trabajar. Trabajo para comer y como para trabajar, para poder extender el reino de mi Señor. Esto cambia mis valores. No voy a la Universidad para sacar un título; voy allí a expandir el reino de Cristo, y mientras lo hago, también obtendré un título universitario. No trabajo en la compañía *Ford* para ganar mi sustento y punto. No, estoy allí porque Dios me necesita en ese lugar para extender su reino, y sucede que la compañía me paga para que yo lo haga. Esto no quiere decir que voy a llevar un púlpito y un órgano al trabajo. Pero sí quiere decir que debo amar a mis compañeros, superiores y subalternos, trabajar mejor que nadie, brillar, hacerles favores y luego procurar hacerlos discípulos de Cristo. Por eso, *"todo lo que hagan de palabra o de obra, háganlo en el nombre del Señor Jesús"* (Colosenses 3:17). Esta es la respuesta a la pregunta de Jesús: *"¿Por qué me llaman ustedes 'Señor, Señor', y no hacen lo que les digo?"* (Lucas 6:46).

3

Siervos de Dios

Supongamos que uno de ustedes tiene un siervo que ha estado arando el campo o cuidando las ovejas. Cuando el siervo regresa del campo, ¿acaso se le dice: "Ven en seguida a sentarte a la mesa"? ¿No se le diría más bien: "Prepárame la comida y cámbiate de ropa para atenderme mientras yo ceno; después tú podrás cenar"? ¿Acaso se le darían las gracias al siervo por haber hecho lo que se le mandó? Así también ustedes, cuando hayan hecho todo lo que se les ha mandado, deben decir: "Somos siervos inútiles; no hemos hecho más que cumplir con nuestro deber"

(Lucas 17:7-10)

Ya hemos visto que Jesús es el Señor. Consideremos ahora ¿qué es un discípulo o siervo? En esta parábola, Jesús hablaba con personas que sabían el significado de la palabra siervo. Siervo era un *esclavo*. Hoy, por lo menos en nuestra cultura, no hay esclavos; la comparación más próxima a un esclavo podría ser una sirvienta o mucama que trabaja por un sueldo, reglamentado por un convenio entre obrero y patrón, y que además, en muchos casos, pertenece a un sindicato obrero, tiene vacaciones pagas, seguro médico, etcétera. Pero en el primer siglo de nuestra era, el siervo era verdaderamente un *esclavo*, una persona que había perdido todo en este mundo: su libertad, su inmunidad, su voluntad y hasta su misma identidad. Era alguien que había sido llevado al mercado de esclavos y ofrecido en remate al mejor postor como si fuera un animal o un objeto. Por lo general, el que lo compraba lo llevaba a su casa y le horadaba el lóbulo de su oreja para ponerle un aro con su nombre para que no se escape. No recibía ninguna paga por su trabajo; no tenía libertades ni derechos. Si su amo le decía: "Tienes que levantarte a las seis", a esa hora se levantaba. Si le decía que tenía que hacerlo a las cuatro, a esa hora ya estaba en pie. Si su amo quería que hiciera algo a la medianoche, tenía que hacerlo. Era un esclavo. Por eso, cuando Jesús narró esta historia del amo invitando a su esclavo a comer primero al volver del campo, los que lo escuchaban se echaron a reír. Nadie haría semejante cosa. El esclavo siempre tenía que servir primero a su amo. Al volver de trabajar en el campo o en la fábrica, rápidamente debía bañarse, cambiar sus ropas, preparar la comida, servirla y una vez que su amo había comido y se había retirado a dormir, recién el esclavo podía comer de las sobras e irse a dormir después de limpiar la cocina, para levantarse antes que nadie el día siguiente. Cuando Jesús preguntó: *"¿Acaso se le darían las gracias al siervo por haber hecho lo que se le mandó?"*, la gente contestó: "Por supuesto que no". Entonces Jesús terminó diciendo: *"Así también ustedes, cuando hayan hecho todo lo que se les ha mandado, deben decir: 'Somos siervos inútiles; no hemos hecho más que cumplir con nuestro deber'"*.

Nosotros tenemos el privilegio de ser siervos de Jesucristo. Fuimos comprados por Él.

Porque ninguno de nosotros vive para sí mismo, ni tampoco muere para sí. Si vivimos, para el Señor vivimos; y si morimos, para el Señor morimos. Así pues, sea que vivamos o que muramos, del Señor somos. Para esto mismo murió Cristo, y volvió a vivir, para ser Señor tanto de los que han muerto como de los que aún viven.

(Romanos 14:7-9)

Con mucha frecuencia, se nos ha dicho que Jesús murió por *nuestros* pecados. Esa es tan solo una parte de la historia. La razón por la cual Él murió y resucitó, dice Pablo, fue para ser el Señor de todos nosotros, los comprados. *"Y él murió por todos, para que los que viven ya no vivan para sí, sino para el que murió por ellos y fue resucitado"* (2 Corintios 5:15). Hemos sido comprados por precio. Por eso, leemos con frecuencia en el Nuevo Testamento palabras como estas: "Pablo, *siervo* de Jesucristo", "Santiago, *siervo* de Dios y del Señor Jesucristo", "Simón Pedro, *siervo* y apóstol de Jesucristo". Aun la misma María se consideró a sí misma como *"sierva* del Señor" (ver Lucas 1:38). Antes que Jesús nos hallara, estábamos perdidos. Íbamos rumbo a la perdición eterna. Estábamos perdidos en el pecado, en las manos de Satanás. Ahora que Jesús nos rescató, nos compró, estamos perdidos en los brazos de Jesucristo. *"En efecto, habiendo sido liberados del pecado, ahora son ustedes esclavos de la justicia"* (Romanos 6:18).

En este mundo, hay solamente dos amos, y cada uno tiene su propio reino. Nosotros nacimos en el reino de las tinieblas, éramos ciudadanos naturales del reino donde prevalece el egoísmo, donde todos hacen su propia voluntad porque es así cómo Satanás dirige su reino: *"En ese tiempo también todos nosotros vivíamos como ellos, impulsados por nuestros deseos pecaminosos, siguiendo nuestra propia voluntad y nuestros propósitos..."* (Efesios 2:3). Vivíamos como mejor nos parecía. Hacíamos lo que se nos daba la gana. Estábamos perdidos. El que vive en el reino de las tinieblas no tiene ningún escrúpulo en cuanto a ingerir drogas, a llevar una vida lujuriosa y a cometer cualquier cosa impropia. Piensa que es el rey de su vida, pero está perdido. Lo guía el espíritu egoísta que predomina en su reino. Pero aún los que no son tan pecadores y malos, no pecan porque no quieren. Todos viven según su propia voluntad. Pero la muerte llega, y tenemos que presentarnos ante Dios.

¿Qué es la salvación? La salvación es que Dios no ha librado *"del dominio de las tinieblas, y trasladado al reino de su amado Hijo"* (Colosenses 1:13 RVR). Somos librados del dominio de Satanás y pasamos a estar bajo el dominio de Jesucristo. Por supuesto, Él es un amo bueno, amoroso, amable y compasivo. Pero así y todo, en este nuevo reino, debemos vivir de acuerdo a su voluntad y a sus deseos. Porque estamos bajo la gracia y, por ser sus elegidos, Él pone en nosotros el deseo de agradarle (Filipenses 2:13). De manera que sus mandamientos no son penosos, y su yugo es suave cuando uno lo lleva por amor. Algunos piensan que lo que nos distingue a los que estamos en el reino de Dios es que no fumamos, ni nos embriagamos ni vamos a bailar. Sin embargo, es mucho más que eso. En el reino de Dios, hacemos todo lo que Él nos manda. Él es el Señor. Los que hemos pasado de muerte a vida, de un reino al otro, damos testimonio de que antes de tener un encuentro con Jesús, nosotros dirigíamos nuestra propia vida; pero desde que tuvimos un encuentro con el Señor, Él es quién nos dirige.

Jesús dijo que hay solo dos caminos, el ancho y el angosto. El primero lleva a la perdición, y muchos andan por él. El segundo es estrecho, y pocos son los que lo hallan. Pero la mayoría de los creyentes viven en un tercer camino, no tan amplio como el ancho, pero tampoco tan estrecho como el angosto. Parecería que pensamos que el camino ancho es para los pecadores que van rumbo al infierno; el angosto para los pastores y monjes, y un camino ni tan angosto ni tan ancho para el resto de los creyentes. El camino medio es invención del hombre. O se vive en el reino de las tinieblas donde cada uno hace su propia voluntad o se vive en el reino de Dios donde se hace la voluntad de Dios. *"Venga tu reino, hágase tu voluntad en la tierra como en el cielo"* (Mateo 6:10). No hay término medio. El término medio es ser tibios.

Es más, pasar de un reino al otro no es tan fácil. No hay ni pasaportes ni visas.

Somos *esclavos* de nuestro propio pecado y del rey de este mundo. No podemos huir, somos cautivos. La única forma de que los esclavos podían librarse de su esclavitud era ser comprado o morir. Por eso, cantaban tanto sobre el cielo y la vida futura. También nosotros necesitamos morir para ser libres de la esclavitud del pecado. Y para pertenecer al reino de Dios, hay que nacer allí. Nosotros necesitábamos una muerte y un nuevo nacimiento, algo muy difícil de obtener, solo Dios podía hacerlo. Por eso, la salvación es por pura gracia.

¿Cómo puede alguien cambiar su ciudadanía espiritual? ¿Cómo puede pasar del reino de las tinieblas al reino de Dios? Jesús nos ha dado la solución: ¡murió por nosotros! Él nos regala su muerte en la cruz y su resurrección. Cristo murió y resucitó por nosotros. Cualquier esclavo del pecado que mira con fe al Cristo de la cruz puede contar como suya esa muerte. El que mira a Cristo muere, y Satanás ya no puede contarlo como súbdito suyo. Luego resucita en el reino de Dios para ser de Cristo: *"Así mismo, hermanos míos, ustedes murieron a la ley mediante el cuerpo crucificado de Cristo, a fin de pertenecer al que fue levantado de entre los muertos. De este modo daremos fruto para Dios"* (Romanos 7:4). Por medio de esta resurrección, pasamos al nuevo reino. Esto es algo tan importante y necesario como la muerte. Nosotros necesitábamos morir a un tirano. Pero morir no era todo, teníamos que volver a vivir para ser de un Dios amoroso. Esto es lo que nos dio Jesús, por eso Él es el salvador. Morimos con Él al dominio de un rey y resucitamos con Él en su reino. Esto es lo que significa el bautismo. Durante muchos años, bauticé a las personas que pedían el bautismo como un rito. La ceremonia era muy linda; llevaban puestas lindas túnicas, un fotógrafo registraba el momento, y el coro proporcionaba la música de fondo. Era todo un espectáculo. Pero cuando Dios comenzó a renovarnos espiritualmente, comprendimos que el bautismo tiene un significado mucho más importante que cumplir con un rito establecido para ser miembro de la Iglesia. El bautismo es identificarnos con la muerte de Jesús y con su resurrección. Debería ser tan pronto como la persona desea comenzar a vivir en el nuevo reino. A mí no me resulta tan importante el hecho de que sea por inmersión, o aspersión o cualquier otra manera. Amarnos unos a otros es más importante que la forma de bautizarse, pero muy pocos lo practican, por eso nunca pelearé por la forma de bautismo. Sin embargo, me encanta sumergir a los convertidos, porque ayuda más a entender el significado de morir y nacer de nuevo. Sepultamos a la persona en el agua y la volvemos a levantar, significando muerte y nuevo nacimiento. El bautismo se hace en el nombre del Padre, y del Hijo y del Espíritu Santo. La persona es bautizada por Dios a través de un hombre que lo representa y lo hace en su nombre. En nuestra congregación, algunas veces usamos esta fórmula: "Tú has muerto con Cristo y has resucitado con Él; por lo tanto, yo te entierro y te vuelvo a levantar, para que vivas en su reino y le agrades, en el nombre del Padre, y del Hijo y del Espíritu Santo". Es algo fuera de lo común, pero enseña mejor la lección. Las aguas del bautismo simbolizan purificación, limpieza, muerte y nuevo nacimiento. No es la cantidad de agua, sino lo que representa. La inmersión parece ilustrarlo mejor. Si fuera por mi gusto, yo haría el bautismo en un cementerio, en una tumba verdadera. Pondría al candidato en un cajón de muertos, lo taparía, lo bajaría a la tumba, tiraría encima unos terrones de tierra para que oiga el ruido, luego lo levantaría, abriría la tapa del cajón y le diría: "¿Entendiste?".

Hay personas que piensan que la salvación se recibe solamente a través del bautismo; otros señalan, en cambio, que es solamente un símbolo. Pero los apóstoles dijeron: "¡Arrepentíos y bautizaos!". Ambas cosas: creer y ser bautizados. Él no dijo: "El que creyere y fuere salvo, después de unos meses, será bautizado". Para los apóstoles, el bautismo ilustraba aún más lo que estaba ocurriendo en el momento de creer en Jesús. Era en ese instante cuando se pasaba de muerte a vida. Podría comparársele con un billete de papel moneda. El billete tiene dos valores: el intrínseco, es decir el valor del papel y la tinta para hacer la impresión, que no es mucho, y el valor que le da el banco central. Es posible que el papel y la tinta de un billete de 100 dólares cuesten menos de un centavo para hacerlo. Pero el valor respaldado por las Reservas Federales del país que lo acuñó es de 100 dólares. Con ese billete, que en sí mismo cuesta un centavo, se puede ir al mercado y comprar muchas cosas. Lo mismo sucede con el bautismo. El agua y la ceremonia no son lo que le da el valor, eso es muy fácil de hacerlo; lo que vale es el respaldo de la muerte y de la resurrección de Cristo. Ese bautismo vale una muerte y una resurrección. Por lo tanto, tiene un valor inmenso. La persona que se bautiza está pasando de muerte a vida. Por eso, el bautismo significa más en el mismo momento en que tiene lugar la salvación, cuando la persona cree, que hacerlo mucho tiempo después.

La Iglesia primitiva bautizaba a todos el primer día de su conversión. Es más, ni siquiera esperaban la hora del culto. Si una persona era salva a la mañana, a la mañana se bautizaba. O si era salva a medianoche, tal como el carcelero de Filipos y su familia, se la bautizaba *a esa misma hora de la noche*. Si una persona dice: "Yo creo", ¿en qué cree? "Creo que la muerte y resurrección de Jesús me libra del poder de las tinieblas y me ubica en el reino de Dios". Si no nos encontramos cerca de un río, estanque o piscina para bautizar a la gente, no nos hacemos mayor problema. La bautizamos en la bañera de su casa. Y a decir verdad, es mucho más cómodo que en la iglesia puesto que si es en invierno, en la casa hay calefacción, nos facilitan la ropa para el bautismo y las toallas, y después de la ceremonia ¡hasta nos convidan con un café! El bautismo es una gran lección objetiva. Si se hace en el momento apropiado será más impactante, y la persona comprenderá mejor lo que significa. Se dará de cuenta de que está pasando de muerte a vida; del reino de las tinieblas al reino de Dios.

4

La vida
en el reino

*"Si alguien quiere ser mi discípulo,
tiene que negarse a sí mismo, tomar
su cruz y seguirme. Porque el que
quiera salvar su vida, la perderá;
pero el que pierda su vida por mi
causa, la encontrará"*

(MATEO 16:24-25)

Debemos escapar de las tinieblas, del pecado y del reino del egoísmo donde se vive para uno mismo, y hacemos nuestra propia voluntad. Es necesario que entremos en el reino de Dios, donde todos vivimos para Él y hacemos su voluntad. Como dice el Padrenuestro: *"Venga tu reino, hágase tu voluntad en la tierra como en el cielo"* (Mateo 6:10). El reino de Dios debe crecer y crecer hasta que los reinos del mundo

sean de nuestro Señor y de su Cristo (ver Apocalipsis 11:15).
Para poder pertenecer a su reino, es necesario que muramos a
nosotros mismos. Sin embargo, muchos que han sido salvos
aún no comprenden que son siervos de Jesucristo. Quieren
seguir haciendo su propia voluntad, y que Él les sirva. Jesús
dijo que era necesario perder la vida a fin de salvarla. Son
muchos los que acuden a la iglesia procurando salvar sus
vidas. Pero esta actitud de parte de ellos nos prueba que igno-
ran la voluntad del Señor.

En el capítulo 13 de Mateo, leemos que Jesús dijo que el
reino de Dios era como un comerciante que buscaba perlas
finas y, que cuando encontró la perla de gran precio, vendió
todo cuanto poseía para comprarla. El reino de Dios es la perla
de gran precio. Nosotros somos los que buscamos las perlas
valiosas, como felicidad, seguridad, vida eterna. Al ser expues-
tos al reino de Dios, que es la perla de gran valor, debemos dar
todo lo que somos y tenemos para poseerlo. En él hay felicidad, gozo, paz, sanidad, seguridad, eternidad, todo lo que
hace feliz al ser humano ¿Cuánto cuesta esta perla?

–Bueno –dirá el vendedor–, es muy cara.

–Bien, pero ¿cuánto cuesta? –insistimos.

–Es muy, muy cara.

–¿Piensa que podré comprarla?

–Por supuesto. Cualquiera puede comprarla.

–Pero ¿no me acaba de decir que es muy cara?

–Sí.

–Entonces, ¿cuánto cuesta?

–Todo cuanto usted tiene –responde el vendedor.

–Muy bien, estoy decidido ¡se la compro!

–Perfecto. ¿Cuánto tiene usted?

–Tengo cinco mil dólares en el banco.

–Bien. ¿Qué más?

–Eso es todo cuanto poseo.

–¿No tiene nada más?

–Bueno... tengo unos dólares en la billetera.

–¿Cuántos?

–Veamos, este... diez, veinte, treinta... aquí está todo ¡cincuenta dólares!

–Estupendo. ¿Qué más tiene?

–Ya le dije. Nada más. Eso es todo.

–¿Dónde vive?

–Pues, en mi casa.

–¿Tiene una casa? ¡La casa también!

–Bueno, suerte que tengo una casa de campo.

–¿Conque también tiene una casa de campo? ¡Esa también entra! ¿Qué más tiene?

–Pero si se la doy, tendré que dormir en mi automóvil.

–¿Así que también tiene un auto?

–Bueno, a decir verdad tengo dos.

–Ambos coches pasan a ser de mi propiedad. ¿Qué otra cosa?

–Mire, ya tiene mi dinero, mis casas, mis dos automóviles. ¿Qué otra cosa quiere?

–¿Es usted un soltero en la vida?

–No, tengo esposa y dos hijos...

–Su esposa y niños también pasan a ser míos. ¿Qué más tiene?

–¡No me queda ninguna otra cosa! He quedado yo solo.

–Esta perla requiere todo, todo ¡Usted pasa a ser de mi propiedad! Ahora preste atención: todo lo que usted me dio es lo que cuesta esta perla preciosa, el reino de Dios. Usted ha entrado a mi reino, la perla preciosa es suya. Pero espere, todavía no he terminado. Usted tiene todos sus pecados, presentes pasados y futuros, todos perdonados. Su nombre está escrito en el libro de la vida. Usted es ahora miembro de la familia de Dios y tiene vida eterna. Pero mientras esté en esta tierra, voy a permitirle vivir en la casa que tiene en la ciudad y en la del campo. Le doy permiso para que usted viva con su esposa y sus hijos, use sus dos autos y también le devuelvo todo el dinero que me dio para comprar la perla.

–Pero entonces, si me devuelve todo lo que le di para comprar la perla, ¿cuál es la diferencia?

–Oh, una diferencia muy grande. Como la casa donde usted vive es ahora mía, yo quiero que esté abierta a la hospitalidad, que sus vecinos encuentren allí la salvación, que funcione allí una célula. También quiero que los automóviles estén a mi servicio. El auto es mío, usted es mi chofer. Si necesito el auto para llevar a un vecino al hospital en emergencia, o llevar a un amigo a la iglesia o cualquier otra cosa, no se olvide que el auto es mío, y usted es mi chofer. También el dinero que le devolví es mío, debe darme el diez por ciento y gastar el resto con cuidado. Todo lo que usted tiene es mío y debe estar a mi servicio. ¡Goce mi reino y cuide mis cosas!

Cuando por primera vez comenzamos a predicar este mensaje del discipulado en Buenos Aires, nuestras congregaciones estaban tan dispuestas a obedecer que muchos de nuestros miembros traían las llaves y escrituras de sus casas, departamentos y autos para darlos a la iglesia. Nosotros no sabíamos qué hacer con todas esas propiedades. Los pastores nos reunimos. Uno dijo: "Tal vez podamos vender todo eso y usar ese dinero para edificar una gran iglesia en la ciudad". Pero otros dijeron: "No, no. Eso no es la voluntad de Dios". Después de haber pasado seis meses en oración, el Señor nos mostró que teníamos que devolver todo a sus dueños anteriores. Los reunimos y les dijimos: "Vamos a devolverles a todos ustedes sus bienes raíces. El Señor nos ha mostrado que no quiere casas vacías. Quiere casas con gente viviendo en ellas para cuidarlas y pagar los gastos de manutención. También quiere su automóvil, pero con usted como chofer y que usen todo para Él, porque todo le pertenece. Ustedes no son más dueños de todo eso sino Dios, pero Él se los ha dado para que lo administren y lo cuiden".

Es así como ahora todas las casas están abiertas para servir al Señor hospedando y usándolas para ganar a los vecinos para Cristo, agradecidos a Dios, porque nos permite vivir en su casa. Este es un enfoque totalmente distinto, es la práctica de la mayordomía. Una vez que el creyente sabe que es siervo de Dios y que es ciudadano de su reino, entonces tiene sentido.

El reino de Dios también puede compararse con un matrimonio. Cuando la mujer se casa, pasa a pertenecer a su esposo, pero también él a ella. Y todo lo de él es de ella. Si él tiene un automóvil o dos, son de ella. Claro, la mujer pierde el apellido, pero todo lo de él pasa a ser de ella. Ella gana el marido y todo lo que él tiene. Esto es el significado de "el que pierde su vida la hallará". En el pasado, nos hemos equivocado al no explicar a la gente la historia completa de la salvación. Les hemos dicho que todo lo que Jesús tiene pasa a ser de ellos, pero nos hemos olvidado de dejar bien en claro que todo cuanto ellos tienen pasa a ser de Él. Si no es así, no hubo casamiento.

Jesús dijo: "¡Ojala fueses frío o caliente! Pero por cuanto eres tibio, te vomitaré de mi boca" (ver Apocalipsis 3:15-16).

¿Cuáles son las cosas que vomitamos? Las que tragamos, pero no digerimos. Lo que se digiere no se vomita. Los vomitados por Jesús son los que se niegan a ser digeridos por el Señor, los que no quieren "perderse" en Jesucristo. En la digestión, lo que se come se desintegra, y esa comida pasa a ser parte de usted mismo. Así es espiritualmente, su vida se funde con la de Jesucristo, usted queda "escondido con Cristo en Dios". Argentina es famosa por sus sabrosísimos bistecs o churrascos. Supongamos que el delicioso bistec o churrasco llega a mi estómago, y los jugos gástricos se alistan para digerirlo. Ellos le dicen al churrasco:

–Hemos venido para digerirlo y transformarlo en Juan Carlos.

Ante estas palabras, el churrasco contesta:

–No, ¡un momento! Ya es bastante con que me haya comido, pero desintegrarme por completo no y no. Aunque ya estoy en su estómago, quiero seguir siendo bistec. No quiero perder mi identidad. Quiero seguir siendo churrasco.

–No, señor –responden los jugos–. Usted tiene que dejar de ser churrasco y transformarse en parte de Juan Carlos.

–¡Jamás! He sido y seguiré siendo un churrasco.

Y empieza la pelea. Suponga que el churrasco gana la batalla, los jugos gástricos se retiran, y el churrasco queda intacto sin digerir. No pasará mucho rato hasta que comienza el dolor de estómago, y termino vomitándolo. En cambio, si son los jugos gástricos los que ganan, el churrasco perderá su identidad y pasará a ser parte de Juan Carlos Ortiz. Antes que yo lo comiera, ese trozo de carne era parte de una vaca anónima que pastaba vaya a saber en qué lugar. Nadie reparaba en ella, pero ahora, por cuanto ha sido digerida por Juan Carlos Ortiz, se transformó en piel, hueso, músculo de Juan Carlos Ortiz, viaja por todo el mundo, se hospeda en cómodos hoteles y hasta ¡escribió un libro!

Lo mismo sucede con nosotros al "perdernos en Cristo". ¿Hemos perdido algo? ¡Por el contrario, hemos ganado! Todos los que le hemos dado nuestra familia, tiempo, dinero, casa, auto, etc. al Señor, hemos visto que nuestros matrimonios son mejores, los hijos que siguen al Señor son de buena moral, el dinero nos rinde más porque el Señor nos libró de vicios, los patrones están más contentos con nosotros porque producimos y somos honestos. No solamente tenemos una vida mejor aquí, sino que ¡tenemos vida eterna! Esto es lo que significa "el que pierde su vida en mí la salvará, pero el que se quiere salvar de mí, la perderá".

El amo que Jesús tomó como ejemplo en su parábola era un amo humano común, que muchas veces eran malos. En cambio Él ¡es un amo que murió por nosotros para rescatarnos de Satanás y del pecado! Los que le hemos entregado todo a Jesús, aun nuestro tiempo, tanto las ocho horas que trabajamos para brillar para Él e impresionar a nuestros patrones y compañeros para ganarlos para Cristo, como las ocho horas que dormimos para descansar y así tener energías para extender su reino, y también las ocho horas restantes que nos quedan para asearnos, comer, sociabilizar y hablar del Señor, hemos notado que nuestra vida es ¡mucho más feliz que los más ricos de este mundo!

Al volver del campo, el esclavo de la parábola no pensó: "Bien, ahora me doy un baño, como algo y me voy a descansar". ¡No! El pensó: "¿Qué puedo hacerle de comer a mi amo?". Nosotros en cambio, cuando volvemos del trabajo, pensamos en mirar televisión, comer y dormir. No se nos ocurre pensar en el reino de Dios, en invitar a un vecino a casa para interesarlo en su vida espiritual, en ayudar a un conocido necesitado, en llamar a algún amigo enfermo para saber cómo está y orar con él, etcétera.

Realmente, nuestra actitud es opuesta a la de un siervo. Hoy los señores nos sentamos en los bancos de la iglesia esperando que los pastores nos sirvan y le mandamos a Jesús una larga lista de pedidos de cosas que queremos que nos haga como si Él fuera nuestro siervo en vez de nuestro Señor. Cuando oramos decimos: "Señor, voy a salir, cuida mi casa para que no entren ladrones". Si le hemos entregado la casa, Él la cuidará, no hace falta pedirle. "Y protégeme de accidentes mientras viajo", ¿qué es lo que esperamos que Jesús nos diga? "Si, señora" o "Muy bien, señor, como usted mande". ¿Quién es el Señor y quiénes son los siervos, y quién da las órdenes a quién? Los siervos no son los que dan órdenes al Señor, sino los que preguntan: "Señor, ¿qué quieres tú que yo haga?". Escuche las oraciones de los creyentes y las listas de peticiones, y pregúntese quién está dando las órdenes a quién. La satisfacción del siervo es ver a su amo satisfecho.

La parábola afirma que el amo le dice al siervo: "Prepárame la cena, cíñete y sírveme hasta que yo haya comido y bebido, y después de esto comerás tú". Nosotros también como siervos, tenemos que darle a Jesús sus platos favoritos. ¿Qué le daremos de comer a nuestro Señor? Nuestras alabanzas, sí, son el pan de la mesa. Adoración, sí, es el agua de la mesa. La ofrenda son los platos y cubiertos. Aunque gran parte de las ofrendas no son para Jesús, sino para nosotros mismos, porque la mayor parte del dinero va para comprar un equipo de aire acondicionado, alfombras, edificio, lugar para deportes, comedor, etcétera. Eso no es tanto para Jesús, sino para nuestra propia comodidad. Muchas de las ofrendas que decimos que son para el Señor son para nosotros. Lo único que Jesús dijo que se le daba a Él son las ayudas a los pobres. Él dijo que el que da a un pobre, a Él se lo da. Pero ¿cuál es el plato principal, la carne de la cena que Jesús quiere que le preparemos? En Romanos 12:1, Pablo dice que nuestro verdadero culto es ofrecer nuestros cuerpos *"en sacrificio vivo, santo y agradable a Dios"*. Es decir, darnos nosotros mismos incondicionalmente a Él para que haga lo que quiera de nosotros. Esto es "perdernos en Él". Una vez que nosotros nos hemos rendido totalmente a Jesús, y que Él está satisfecho con nosotros, no hay nada que le satisfaga más que le traigamos nuevos discípulos que se rindan totalmente en su presencia. Cuando llevamos a otros a sus pies, le estamos dando su plato favorito: almas.

El Señor concluyó su historia diciendo: *"Así también ustedes, cuando hayan hecho todo lo que se les ha mandado, deben decir: "Somos siervos inútiles; no hemos hecho más que cumplir con nuestro deber"* (Lucas 17:10). ¿Podemos decir que hemos hecho todo cuanto el Señor nos ha mandado? De ser así, nos recibimos de "Siervos inútiles". Hoy nos recibimos de "Reverendo", "Obispo", "Apóstol", "Doctor", "Profesor", sin embargo, cuando uno hace todo lo que Él nos manda, nos recibimos de "Siervos Inútiles", porque simplemente cumplimos con nuestro deber. Siervos son aquellas personas que reconocen que fuimos creados "para alabanza de la gloria de su gracia". Nuestra recompensa no es aquí, es en el más allá. Quiera Dios ayudarnos a hacer con alegría aquello que hacen los siervos en su reino. Jesús dijo: "Después que yo haya comido y bebido, entonces comerás y beberás tú". El día llegará cuando Él nos diga: *"¡Hiciste bien, siervo bueno y fiel! En lo poco has sido fiel; te pondré a cargo de mucho más. ¡Ven a compartir la felicidad de tu señor!"* (Mateo 25:21). Entonces, nos sentaremos a la mesa con Abraham, e Isaac, y Jacob y los apóstoles, y los ángeles nos servirán.

5

El oxígeno del reino

"Este mandamiento nuevo les doy:
que se amen los unos a los otros.
Así como yo los he amado, también
ustedes deben amarse los unos a los
otros. De este modo todos sabrán
que son mis discípulos, si se aman
los unos a los otros"

(JUAN 13:34-35)

Por muchos años, pensé en el amor como una de las virtudes de la vida cristiana. En muchos de mis mensajes, recalqué el hecho de que el amor es una de las cosas más importantes. Pero en un tiempo de renovación espiritual en mi vida, comencé a experimentar el amor en una dimensión más profunda y la capacidad de amar a mi enemigo. Descubrí que el amor no es *una* de las virtudes de la vida cristiana, sino que es la vida cristiana. No es una de las cualidades más importantes, es lo único *más* importante, es la misma vida. Sin amor no hay vida eterna.

Cuando hacemos mención de la vida eterna, la conectamos con su duración, la dimensión de tiempo, años, años y más años. Pero ¿cuál es la dimensión de calidad de esa eternidad? Si la vida eterna es tan solo algo que no tiene fin, entonces ¡el infierno también es una forma de vida eterna! Pero la calidad de vida que Jesús nos ofrece es una vida de eterno amor. El amor es el oxígeno del reino de Dios; si falta el amor, no hay vida. Fíjese que el amor es el único elemento eterno. Los dones de lenguas, profecía, sabiduría, conocimiento, lectura de las Escrituras, oración, la fe y la esperanza, todo se acabará. Lo único que permanecerá, aun después de la muerte y en la eternidad, es el amor.

El amor es la luz del nuevo reino. La Biblia es muy clara cuando afirma que Dios es luz y amor. El apóstol Juan escribió: *"Pero si vivimos en la luz, así como él está en la luz, tenemos comunión unos con otros, y la sangre de su Hijo Jesucristo nos limpia de todo pecado"* (1 Juan 1:7). No alcanzo a comprender por qué siempre hemos tenido la idea de que la luz o tener luz era poseer conocimiento. Es muy posible que se deba al hecho de que la palabra *luz*, entre otras cosas, significa 'esclarecimiento o claridad de la inteligencia', y son muchas las ocasiones en que, al comprender algo que antes no percibíamos, exclamamos: "¡Se me hizo la luz!". En La Biblia, empero, la luz es amor. *"El que ama a su hermano, permanece en la luz (...) pero el que odia a su hermano está en la oscuridad y en ella vive, y no sabe a dónde va porque la oscuridad no lo deja ver"* (cap. 2:10-11).

¿Y qué es la oscuridad? Es nada más y nada menos que la ausencia de luz. No nos hace falta comprar oscuridad; no es necesario que tratemos de llenar un montón de recipientes con oscuridad para colmar con ella un edificio. Lo único que hace falta para tener oscuridad es apagar la luz. Así sucede en el reino de las tinieblas, falta la luz, es decir, el amor. En la oscuridad, nos sentimos solos, aunque estemos acompañados. Muchos recordamos las épocas en que, en nuestro país, al anochecer había apagones de luz. Quizá en ese momento estábamos predicando, y de repente se producía un corte de energía. ¿Qué había ocurrido? En seguida las señoras decían a sus esposos: "Querido, ¿estás allí? Por favor, dame la mano". Todo era igual que antes, pero de pronto la gente se sentía sola, aun estando en compañía de otros. En las horas del día, vamos tranquilamente a cualquier lado, incluso al cementerio a llevar flores a nuestros difuntos. Pero nunca se nos ocurre ir por la noche. ¿Por qué? Los muertos están tan muertos durante la noche como lo están en las horas del día. Es la oscuridad que hace que nos desagrade encontrarnos allí durante la noche.

La oscuridad es individualismo, egoísmo; en tanto que la luz es amor, comunión, camaradería. Si andamos en luz, tenemos comunión porque nos vemos unos a otros como hermanos. *"El que ama a su hermano, permanece en la luz".* Nosotros, los creyentes, vivimos tropezando unos con otros. Los pastores también tropiezan los unos con los otros, y eso se repite en las congregaciones. Más aún, entre los dirigentes de las denominaciones, siempre surgen problemas y fricciones. Cuando el Espíritu se manifiesta con poder y convicción, nos pasamos semanas y semanas confesando nuestras faltas por tantas ofensas de unos a otros. No habíamos andando a la luz del amor. Si un hermano anda en la luz mientras que otro no, aun así es posible evitar el tropezar, porque el que camina en la luz verá al otro y evitará el tropezón. Y si los dos transitan en la luz, ¡mucho mejor todavía! Entonces andarán de la mano.

El amor es la evidencia de nuestra salvación. Algunos creen que la prueba de nuestra salvación es la manera en que vestimos, si no fumamos, si no vamos al cine, si no engañamos a nuestro cónyuge y si no hacemos esto o aquello. No hacer ciertas cosas puede ser positivo, pero no es de tanta trascendencia como el amor. Y si tenemos amor, haremos todas esas cosas positivas. Si en el correr de los años hubiéramos puesto el mismo énfasis en amarnos como pusimos en no fumar, todo hubiera sido muy distinto. El amor es lo que prueba nuestra salvación. Observe lo que dice Juan: *"Queridos hermanos, amémonos los unos a los otros, porque el amor viene de Dios, y todo el que ama Dios es nacido de él y lo conoce. El que no ama no conoce a Dios, porque Dios es amor"* (1 Juan 4:7-8). ¿Desea saber si es nacido de Dios? Es muy fácil, el apóstol señala: *"Nosotros sabemos que hemos pasado de la muerte a la vida porque amamos a nuestros hermanos. El que no ama permanece en muerte"* (1 Juan 3:14).

A veces alguien se acerca a su pastor y le dice: "No estoy seguro de mi salvación. Tengo dudas. ¿Cómo puedo estar seguro?". La prueba es muy sencilla: ¿ama a su hermano? Si no lo ama, está en muerte, dice Juan. Aunque vive, está muerto. Es posible que tenga una excelente doctrina en cuanto a la tribulación, el milenio y otras cosas, pero la única manera de saber si ha pasado de muerte a vida, de las tinieblas a la luz, es si ama a sus hermanos. Quien no tiene amor no tiene vida. La doctrina correcta solamente es como uno que está bien peinado y bien vestido, pero en un cajón de muertos.

Si amáramos a nuestros hermanos tal como Dios desea que lo hagamos, no tendríamos que depender tanto de los mandamientos de la Escritura, porque *"el amor es el cumplimiento de la ley"* (Romanos 13:10). Es a esto a lo que se refiere el nuevo pacto: *"Pondré mi ley en su mente, y la escribiré en su corazón"* (Jeremías 31:33). Cuando el amor se genera desde adentro, fluye la santidad. Porque el fruto del Espíritu es amor, y el amor produce gozo, paz, paciencia, benignidad, bondad, fe, mansedumbre y dominio propio (Gálatas 5:22-23). Si el fruto del Espíritu se desarrollara como debiera, no haría falta tantos sermones ni estudio bíblico, porque toda la ley se cumple en el amor. El amor no es uno de los elementos de la vida cristiana; es *el* elemento. Es la vida misma.

Algunos se engañan al buscar los dones del Espíritu en vez de concentrarse en desarrollar el fruto del Espíritu. Aun cuando apreciemos los dones, debemos tener cuidado respecto de dónde depositamos nuestro énfasis. El Señor Jesús nunca dijo que nos conocerían por los dones, sino por nuestros frutos (ver Mateo 7:20).

Los dones no son indicio de espiritualidad; en una persona, son como los regalos que ponemos en el árbol de Navidad. En una ciudad tan congestionada como Buenos Aires, no hay muchos árboles. La mayoría que armamos para esa fecha son artificiales, muchos son de papel o de materiales sintéticos, y no faltan aquellos que se contentan con cortar una rama de pino o abeto y, aunque su valor es ínfimo, les ponen los mejores adornos que están a su alcance. De sus ramas, a veces cuelgan pequeños envoltorios que tienen relojes, anillos u otros regalos costosos. Se ven muy hermosos, aun cuando no son árboles naturales. Pero cuando uno sale de casa después que han pasado las fiestas, muchos de esos lindos arbolitos están en los botes o tachos de desperdicios. Quizá el día de Navidad, de sus ramas, hubiera pendido un costosísimo reloj Omega, pero al quitarle los regalos, el árbol no sirve para nada y se arroja entre los desechos. Por lo tanto, no se puede decir mucho acerca del árbol basándose en los presentes que tenía. Los regalos o dones no nos dicen nada respecto de la naturaleza del árbol. Es solamente por medio del fruto que se puede decir algo acerca de un árbol. Si las manzanas son buenas, podrá decir que tiene un buen manzano y lo mismo de cualquier otro árbol. Por supuesto que el ideal sería que el árbol tuviera manzanas y relojes Omega, es decir, frutos y dones. Pero si esto no es posible, por lo menos el fruto debería ser bueno. Cualquiera puede disculparse si no tiene dones, pero no tiene disculpa si no posee frutos. Si le dijéramos al manzano: "¿Por qué no tienes anillos?", el manzano podría responder: "Lo siento, pero nadie ha colgado un regalo en mis ramas". Pero no puede disculparse si no tiene manzanas, porque el fruto es el producto de un árbol normal. De igual manera, no podemos excusarnos por nuestra falta de amor. Si estamos llenos del Espíritu, el amor sería algo natural en nosotros, aunque el Espíritu no nos dotara con un don extraordinario.

Me causa mucha tristeza que durante años nosotros, los pentecostales, hemos puesto énfasis en Hechos 2:4 en lugar de Gálatas 5:22. Nuestro artículo de fe dice: "Creemos en el llenamiento del Espíritu Santo según Hechos 2:4", es decir, en el hablar en lenguas. La historia hubiese sido otra si en lugar de eso, dijera: "Creemos en el llenamiento del Espíritu Santo según Gálatas 5:22", porque no habrían surgido tantas divisiones entre las personas llenas del Espíritu. Como pastor pentecostal, no me resulta fácil decir eso, pero es verdad, y el Espíritu Santo quiere que nos confrontemos con esto. Cuando uno sale de caza, apunta su rifle a la cabeza y no a la cola del animal o ave, y lo hace porque sabe que si le da en la cabeza, tendrá todo el animal. Al ser llenados del Espíritu Santo, la cabeza es el fruto, y la cola, por así decirlo, las lenguas. Muchos de nosotros hemos apuntado a la cola, y el animal todavía sigue corriendo sin haber sido cazado. Si le hubiéramos dado en la cabeza, hubiéramos tenido, cabeza, cola y todo lo demás. El Señor Jesús no dijo que los hombres sabrían que somos sus discípulos si hablamos en lenguas. Aunque yo hablo en lenguas, no por eso el mundo conocerá que soy discípulo de Jesús, sino por mi amor. Es hora de que pongamos énfasis en el lugar que corresponde, donde Dios lo ha puesto.

Aunque era un hombre carnal, Sansón tenía dones, *carismas*. Saúl, el primer rey de Israel, era carismático y profetizaba, aunque era un hombre carnal. Pablo señaló que si uno habla en lenguas de hombres y de ángeles pero no tiene amor, lo que hace es ruido nada más. La profecía y la capacidad para comprender los misterios espirituales sin amor son nada. Aun el don de fe sin amor no nos da valor. Por lo tanto, si usted se encuentra con alguien que tenga un don, no corra presuroso en pos de tal. Primero acérquese a ese árbol, observe por entre las hojas a ver qué fruto tiene y, si es el del Espíritu Santo, acepte el don y a la persona que lo posee. Pero si no encuentra el fruto del Espíritu, aprovéchese del don, pero no reciba el ejemplo de la persona. Porque *"no todo el que me dice Señor, Señor, entrará en el reino de los cielos ... Muchos me dirán en aquel día: Señor, Señor, ¿no profetizamos en tu nombre...? Entonces les diré claramente: Jamás los conocí. ¡Aléjense de mí, hacedores de maldad!"* (Mateo 7:21-23). El don, no es ninguna garantía de ser genuino.

¿Está realmente consciente de la importancia del amor? Solamente si la comprende, estará abierto al Espíritu. Se puede comparar con la harina del pan. Es posible que pueda hornear un pan sin sal, sin huevos, pero no sin harina; la harina es el elemento indispensable, es lo que hace al pan ser pan. El amor *es la vida* cristiana, es como la harina para el pan. Hay otras cosas como la adoración y los dones que son maravillosas, pero sin el amor, no hay vida.

6

Primer grado de amor: Amar al prójimo

"Ama a tu prójimo como a ti mismo"

(Levítico 19:18)

Si para entenderlo mejor, dividimos al amor en tres grados de calidad, el viejo mandamiento es el primer grado, el mínimo. Este es el amor que se evidencia a través del Antiguo Testamento. El prójimo para los hebreos eran los otros hebreos. Pero podían aborrecer a los que no eran prójimo, a los filisteos, amorreos, etcétera. Todos deberían amar al prójimo. Si cada uno amara uno, la mitad del mundo amaría a la otra mitad, todos seríamos amados y amaríamos. Este mandamiento universal forma parte de la ley moral divina para todos los seres humanos. ¿Qué significa este mandamiento? Desear para mi prójimo lo mismo que deseo para mí y esforzarme a fin de lograr para mi prójimo lo mismo que me esfuerzo para obtener para mí. Si yo tengo un plato de comida y mi prójimo no tiene qué comer, debería compartirlo con él. Si tengo dos trajes y él no tiene ninguno, debería esforzarme para hacer que él logre tener dos trajes, como hice para mí, o darle uno de los míos. Si mis hijos tienen buena ropa y están bien alimentados, y los suyos no, entonces debo ayudar a mi prójimo para que logre lo mismo. Evidentemente, solo podemos practicar este amor con un prójimo, no con todo el mundo. Cada uno debería elegir un prójimo en necesidad y ayudarlo.

El amor que Jesús manda a sus discípulos es de un grado superior, según lo indica el nuevo mandamiento. Nosotros no somos prójimos entre nosotros, ¡somos hermanos! El amor según el viejo mandamiento es para amar al vecino, al no creyente. Sin embargo, el creyente medio, ¡ni siquiera ama a su hermano como prójimo! ¡Ojala amáramos a los hermanos como a nosotros mismos! Eso solo produciría una revolución en la sociedad. En toda congregación, hay personas que cuentan con recursos y otras muy pobres. Un creyente es dueño de un automóvil grande y vive en una hermosa casa donde al llegar le espera una suculenta comida, mientras que el hombre que se sienta a su lado en la iglesia regresa a su casa a pie, y su cena es una rebanada de pan seco y una taza de café. Y los dos, allí en la iglesia se toman de la mano y cantan del amor de Dios. Al concluir el culto, se saludan con un "¡Dios te bendiga, hermano!" y cada uno se va por su camino, uno a su abundancia y el otro a su miseria.

Un maestro de la ley le preguntó a Jesús quién era el prójimo. El Señor le refirió la parábola del samaritano que socorrió al que había caído en manos de ladrones que lo dejaron medio muerto (ver Lucas 10:25). ¡Generalmente, espiritualizamos esta parábola! Decimos que Jerusalén tipifica la iglesia, Jericó el mundo, el hombre que iba de Jerusalén a Jericó era el que se apartaba de la iglesia y volvía al mundo. Los ladrones eran Satanás y sus demonios, mientras que el samaritano era el hermano que lo traía de nuevo a la iglesia. ¡Qué espléndido escapismo para nuestra responsabilidad! Jesús no dijo esta parábola para que la espiritualicemos, sino que nos dice al final: *"Anda entonces, y haz tú lo mismo"* (v. 37). La parábola fue dicha para que, cuando veamos a alguien sufriendo, lo ayudemos. Es un mandamiento claro, no hay que espiritualizarlo. Nosotros pasamos al lado de personas que sufren y, al llegar a nuestro hogar, comentamos lo que hemos visto: "¡Qué cuadro tan triste vi esta noche! Pobre hombre, ¡si lo hubieran visto! Se me partía el corazón". Pero no hacemos nada para ayudarlo.

El samaritano no era un ser fuera de lo común. Nosotros lo llamamos el *buen* samaritano, pero Jesús se limitó a decir: *"Un samaritano que iba de viaje (...) viéndolo, se compadeció de él"* (v. 33). Este hombre estaba nada más ni nada menos que cumpliendo con su deber, lo que señalaba el viejo mandamiento de amar al prójimo como a sí mismo. No era un samaritano especial. Pero estamos tan acostumbrados a nuestra vida mediocre, de desobediencia a los mandamientos del Señor, que cuando uno lo cumple lo llamamos "El *Buen* Samaritano". Algo semejante ocurre hoy en día en las iglesias. Por ejemplo, un pastor me dijo: "Hermano Ortiz, quiero presentarle a un diácono excepcional de mi iglesia". "Será un placer conocerlo", le contesté. Después que me lo presentó, le pregunté al pastor: "¿Por qué me dijo que es un muy buen diácono?". "Bueno –dijo–, porque no falta a ninguna reunión, diezma y todas las veces que necesito ayuda está dispuesto a cooperar". Le contesté: "Entonces es un diácono, no un *buen* diácono, ese es el deber de todos los diáconos, es ¡un diácono normal!". Lo que pasa en nuestras iglesias es que somos todos tan mediocres, que cuando alguno es normal, decimos que "es muy buen diácono". La Biblia no dice que era un buen samaritano el que transitaba, sino simplemente "un samaritano". ¿No cree usted que Dios se sentiría satisfecho de que todos fuéramos samaritanos comunes y corrientes como ese? Jesús dijo: *"Hagan brillar su luz delante de todos, para que ellos puedan ver las buenas obras de ustedes y alaben al Padre que está en el cielo"* (Mateo 5:16) ¿Qué es la luz? Es el amor que produce buenas obras.

Hagamos una aplicación concreta. Cuando nos referimos al amor o a cualquier otra virtud que se menciona en las Escrituras, debemos traducirlo a obras concretas, de otra manera es como coser sin hacer un nudo al final de la hebra. Se puede coser, y coser y coser, sin coser nada; lo único que conseguimos es hacer agujeritos en la tela. Debemos ser hacedores de la Palabra y no solamente oidores. Dios no nos dijo: "Ama a tus prójimos", porque no es posible amar concretamente a todo el mundo. El nos ha dicho: "Ama a *tu* prójimo". Comience con una persona, una familia. Empiece orando por ellos. Interésese por sus problemas y necesidades, ya sean espirituales, materiales, psicológicas o de cualquier otra naturaleza. No le dé simplemente un folleto o tratado. Si así lo hace, se parecerá a un vendedor. Véndase usted a ellos. Ofrézcase a ayudarlos. Hágales saber que los ama; sírvalos en lo que pueda, verá que terminarán preguntándole, ¿por qué se interesa tanto? Entonces ha llegado el momento de hablarles del amor de Dios.

A una señora mayor que, según decía ella, "nunca había podido llevar un persona a Jesús", aunque hacía muchos años que concurría a la iglesia, un día el Señor le mostró esta clase amor al que me refiero. Comprendió que Dios no mandó un folleto desde el cielo, sino que envió a su Hijo el que vino, y vivió entre nosotros y ayudó a los necesitados. Esta hermana pensó que ella podía hacer lo mismo. En frente de su casa, había una casita que se alquilaba. Tan pronto como los nuevos inquilinos tomaron posesión, ella ya se había preparado. Fue a verlos, les llevó café y sándwiches, y les dijo: "Aquí les traigo algo para comer, porque como se acaban de mudar, estoy segura de que aún no tienen las cosas a mano para cocinar. No se preocupen por lavar los platillos, después voy a volver a buscar todo. De paso, señora, si le hace falta algo de la despensa en tal y tal calle hay una que tiene buenos precios". No puso ningún folleto debajo del plato de los sándwiches, sino que se limitó a llevarles algo para comer y brindarles ayuda. ¡El folleto era ella misma! Luego de un rato volvió a retirar sus cosas y dijo: "Si necesitan algo, vivo allí en frente. Con todo gusto los ayudaré". Esta señora nunca predicó acerca de Cristo, pero un mes después toda la familia que se había mudado en frente de su casa se bautizó debido a la luz que ella había irradiado. Jesús no dijo: "Dejen que sus bocas hablen delante de los hombres de modo que puedan escuchar sus hermosas palabras y glorificar a vuestro Padre". El Señor dijo: *"Hagan brillar su luz* –¡vuestro amor!– *para que ellos puedan ver las buenas obras de ustedes y alaben al Padre...".* Hemos sido *"creados en Cristo Jesús para buenas obras"* (Efesios 2:10).

En el capítulo 10 de los Hechos, leemos acerca de Cornelio y las buenas obras que hizo aun antes de conocer al Señor. Pero Dios le mando un ángel que le dijo: *"Dios ha recibido tus oraciones y tus obras de beneficencia"* (v. 4). Las obras de caridad constituyen una evidencia del amor de Dios en nuestra vida. Besarnos y abrazarnos en los cultos no es una obra de amor, a menos que vaya acompañada de obras. Las buenas obras son buenas obras. Son *obras* y no una forma mística de pensar. Es necesario que abramos las billeteras y hagamos buenas obras. Por supuesto que existe una diferencia entre las buenas obras motivadas por el amor y las que son pura y exclusivamente de la carne para ser vistos o ganar méritos. Pablo señala que si uno da todo sus bienes para ayudar a los pobres y no tiene amor, no nos sirve de nada. Esa es la razón por la cual el marxismo no es la respuesta. El marxismo tiene algunas cosas buenas. El comunismo dice cosas muy buenas sobre la justicia social y el compartir, pero es lo opuesto de lo que enseñó Jesús. Así como la diferencia entre lo que ocurre en el espiritismo y los dones del Espíritu Santo, hay similitudes, pero provienen de distintas fuentes. Sin embargo, para estar en contra del espiritismo, no hay que negar los dones espirituales. Y a fin de oponerse al comunismo, no hay que negar el hecho de que debemos compartir nuestros bienes con los necesitados. Debemos amar a nuestro prójimo aquí y ahora.

7

Segundo grado de amor: El amor entre creyentes

"Este mandamiento nuevo les doy: que
se amen los unos a los otros. Así como
yo los he amado, también ustedes
deben amarse los unos a los otros"

(Juan 13:34)

Vamos a considerar el segundo grado de amor. El viejo mandamiento sobre el amor era limitado. Se reducía a lo mínimo: el amor a sí mismo. Había que amar al prójimo como a sí mismo. Debíamos amar al prójimo mientras no implicara un riesgo para sí mismo. Lo cierto es que si alguien en la congregación me amara como a un prójimo, ya sería mucho más de lo que me ama ahora. Sin embargo, deberíamos amarnos más que al prójimo por cuanto no somos prójimo, ¡somos hermanos!, somos de la misma familia.

¿Cuál es este nuevo mandamiento sobre el amor? *"Este mandamiento nuevo les doy: que se amen los unos a los otros"*. Los discípulos podrían haber contestado: "Eso ya lo sabemos, Maestro". "No, no lo saben, déjenme terminar la frase: ámense unos a otros… como yo los he amado". Esto sí era algo nuevo. El viejo mandamiento señalaba: *"Ama a tu prójimo como a ti mismo"*, en tanto que el nuevo añadía: *"Como yo los he amado, también ustedes deben amarse unos a otros"*. ¿Cómo nos amó Jesús? ¿Nos amó como se amó a sí mismo? No, nos *amó más que a sí mismo*. Dio su vida por nosotros. En esta clase de amor, no hay cabida para el yo. Uno debe dar la vida por el hermano. Es mucho más que dar la mitad de nuestra comida. Es entregar no solo la comida, sino también darse a sí mismo, con la comida. Este es el amor que el Padre y el Hijo tienen por nosotros y el que Él quiere que reine en su Iglesia, la familia de Dios.

Tenemos dificultad para darnos a otros. Nuestro interior necesita una transformación, un cambio total de corazón, de actitud. Necesitamos cambiar nuestro yo por Él. Decir: *"Ya no vivo yo, sino que Cristo vive en mí"* (Gálatas 2:20). Al morir con Cristo en la cruz, murió el viejo yo. Todas las cosas fueron hechas nuevas. Nos hizo una nueva creación. Una conocida canción dice: "En la cruz, en la cruz, do primero vi la luz y las manchas de mi alma yo lavé"; la cruz es más que lavar las manchas del alma, ¡es morir! No es suficiente lavar las manchas, necesitamos ser hechos todo de nuevo. No son los pecados de Juan Pérez que fueron clavados en la cruz, sino Juan Pérez mismo.

En la cruz, no solamente nos desprendemos de las cargas de pecado, sino también de nosotros mismos, nuestro viejo yo. El cambio es radical. Cristo debe ocupar el lugar que antes ocupaba nuestro yo. Al bautizarnos es más que el tabaco, la bebida y el juego lo que queda sepultado. Somos nosotros, nuestra vieja criatura la que se sepulta. El que se bautiza tiene que comprender que al salir del agua, su viejo yo ha quedado enterrado y una nueva persona ha nacido. Las cosas viejas pasaron, todas son hechas nuevas. La nueva vida es de obediencia a Dios.

Algunas veces los pastores decimos que sería conveniente que tuviéramos más comunión entre nosotros. Pensamos que tendríamos que dedicar un poco de tiempo para tener comunión con el pastor metodista, el presbiteriano, el sacerdote católico y otros más, porque somos hermanos y, como líderes, tenemos que dar el ejemplo de amor entre nosotros para que los creyentes hagan lo mismo. Pero cuando llega el momento, nos disculpamos diciendo que no tenemos tiempo, que nuestro ministerio nos absorbe todas las horas del día. Estamos totalmente ocupados con nosotros y nuestras propias cosas.

Tenemos que hacer tiempo para amarnos entre los pastores de la zona como Jesús nos amó. Tiene que ser posible; Jesús dejó este mandamiento para nosotros. El apóstol Juan nos dice en su primera epístola que tal como Jesús dio su vida por nosotros, nosotros debemos dar nuestra vida por los hermanos (ver 1 Juan 3:16). Debemos separar tiempo para amar. Un joven de nuestra congregación, un estudiante, cada vez que le pedíamos hacer algo para la iglesia, contestaba: "Pastor, discúlpeme, no tengo tiempo. Estudio y también trabajo ocho horas por día. La verdad que no puedo hacer ninguna otra cosa. Estoy contento de poder venir a los cultos una vez por semana. El resto de la semana lo tengo completamente ocupado". Un tiempo después, este joven se enamoró, y de pronto le alcanzaba el tiempo para ir a visitar a su novia tres o cuatro veces por semana. ¿Por qué ahora sí tenía tiempo?, ¡el amor! Cuando le pregunté cómo tenía tiempo ahora para visitar a la novia, me contestó: "Bueno, yo tengo tiempo para las cosas que son prioridad". El reino de Dios no era prioridad para él.

Al excusarnos estamos señalando que todo nuestro tiempo lo tenemos ocupado en nosotros mismos y en nuestras cosas, y no nos queda tiempo para otros ni para el servicio del Señor. Jesús tenía veinte y cuatro horas por día para servir y amar a la gente. No atendía asuntos personales. Dijo que sus seguidores debían negarse a sí mismos, tomar su cruz y seguirlo. En aquella época y lugar, toda vez que se veía a alguien andando por la calle llevando una cruz, se sabía que iba camino a la muerte. ¿Está listo para vivir para Jesús? Si en realidad está preparado, no tendrá ningún problema tocante al nuevo mandamiento. Todos sabemos de memoria Juan 3:16, pero ¿se fijó alguna vez lo que dice 1 Juan 3:16? *"Conocemos lo que es el amor en que Jesucristo dio su vida por nosotros; y así también, nosotros debemos dar la vida por nuestros hermanos"* (Dhh). Una vez más, el apóstol Juan nos confronta con un sencillo examen: ¿conocemos el amor? Se puede saber muy fácilmente. No nos hace falta el don de discernimiento de espíritus o algún otro don. Solamente tenemos que preguntarnos si estamos dispuestos a dar nuestra vida por nuestros hermanos. Piense en un determinado hermano de su congregación. ¿Daría su vida por él? Yo testifico que tengo amigos en el Señor que me han dicho: "Juan Carlos, por amor a ti he dado mi vida a Dios. Si algo te ocurre, también me ocurre a mí. Mi vida está en tus manos. Si necesitaras mi sangre, es tuya. Lo mismo mi auto, mi casa, todo cuanto tengo". Esta es la clase de amor a que se refiere el nuevo mandamiento.

Debemos ser como una ciudad en un monte alto, un ejemplo de una comunidad en la que sus miembros se aman unos a otros. ¿Por dónde debe empezar este amor? Entre nosotros los pastores, los que predicamos el amor. Siempre hemos estado más preocupados por las diferencias que por los mismos creyentes. Debemos ser el ejemplo de la iglesia en cada ciudad comenzando a cultivar la amistad entre los pastores de otros grupos. No teniendo reuniones religiosas, sino haciéndonos amigos, formando un equipo de fútbol, invitándonos a la casa, haciendo *picnics* juntos con la familia, etcétera. Las reuniones de estudio bíblico y oración son impersonales. Hay muchas "confraternidades de pastores", pero solo muy pocas logran que ellos sean amigos al estilo de 1 Juan 3:16. Nunca lograremos que las congregaciones se amen mutuamente, si no lo logramos entre los pastores que somos el ejemplo de la grey. No me cabe la menor duda de que todos los pastores tenemos en nuestro archivo uno o más sermones sobre el amor. Debemos practicar entre nosotros lo que les predicamos a nuestros creyentes para mostrarles cómo se hace. A las ovejas no les gusta estar dispersas. Están cansadas de las divisiones. El problema somos nosotros, los encargados de guiarlas. Si no predicamos con el ejemplo, ellas no lo van a hacer. Necesitamos ser bautizados en amor. Debemos ser un ejemplo de cómo amar para la grey.

Muchos pastores me dicen: "Conozco bien la doctrina de la unidad de la Iglesia. Es más, hasta invité a otros pastores a que vinieran a mis reuniones. Les mandé cartas, pero ninguno aceptó mi invitación". No debemos comenzar de este modo. Los pastores están aburridos de reuniones. Las consideran como una suerte de amenaza. Supongamos que alguien le presentara a una señorita. Cuando la salude usted no podrá decirle: "Encantado de conocerla. Venga, ¡vamos a casarnos!". Primero es necesario enamorarse de ella y luego cultivar una amistad hasta que se conozcan y se tengan confianza. Así entre los pastores, mandar cartas invitando no es suficiente. Hay que fomentar y cultivar una amistad antes de invitar a alguien a algo. Necesitamos primero "enamorarnos" de los otros pastores antes de poder llevarlos al "altar" para contraer matrimonio y ser "uno" como Cristo lo desea.

Por lo general, es poco o nada la comunión que se logra en las "reuniones de confraternidad". Si la reunión se fijó para las 20, los pastores posiblemente comiencen a llegar a las 19.59. Llegarán, se saludarán y tomarán asiento. Lo que verán frente a ellos, será la nuca del colega. Al concluir la reunión, se saludarán, y cada uno se irá por su camino. ¿Podemos llamar a eso reunión de confraternidad? Entre las ovejas, ocurre lo mismo. Los creyentes pueden reunirse y saludarse entre sí: "Hola, ¿cómo le va? Dele mis saludos a su familia", y seguir así año tras año, sin dar un paso para llegar a conocerse un poco. La estructura de nuestras reuniones no nos permite estrechar los vínculos de amor con nuestros hermanos. ¿Supo usted alguna vez de algún novio que le dijera a su novia: "Hola, ¿cómo estas? ¿Y tu familia? Bueno, tengo que irme". ¡Claro que no! Su comunión se va haciendo mayor cada vez hasta que llegará el día que contraerán matrimonio. Eso debe ocurrir entre los pastores de cada ciudad. Sus espíritus y sus almas deben despertar el amor los unos por los otros de la misma manera en que Cristo nos amó a nosotros. En vez de organizar "reuniones", debemos decir: "Señor, voy a hacer tiempo para amar a dos o tres pastores de esta ciudad. Voy a anotar sus nombres en mi agenda. Todavía no los conozco. Siempre me he opuesto a su teología, pero de ahora en adelante voy a orar por ellos todos los días y decido amarlos, porque ese es tu deseo".

No sería raro que alguien pensara: "Es cierto que el amor es un mandamiento, pero Dios tiene que darme esa clase de amor". No debemos pensar así. Dios nos ha dado un nuevo mandamiento, debemos obedecer. Si decimos: "Señor, dame amor por mi hermano" y luego no sentimos ese amor, le echamos la culpa a Dios porque ¡Él no contestó nuestra oración! El amor es un mandamiento. Lo que necesitamos es obedecer a nuestro Señor y no orar para que nos dé amor.

¿Cómo puedo "enamorarme" de esos dos o tres pastores que anoté en mi lista? En primer lugar, durante una o dos semanas oro por ellos todos los días. Me intereso por saber si tienen familia, aprendo sus nombres y oro por ellos, oro por su esposa e hijos. Le pido a Dios que los cuide. Cuando paso con mi auto frente a su casa, digo: "Señor Jesús, bendice a los que viven aquí". Haciendo esto comenzaré a amarlos.

Y cuando por fin los amo, voy a visitarlos. Con el corazón rebosante de amor, llamo a su puerta.

–Buenos días. ¿Esta es la casa del pastor Rodríguez?

–Si, yo soy el pastor Rodríguez.

–Encantado. Soy Juan Carlos Ortiz. Vine a visitarlo. – Aunque se demuestre sorprendido, no debe importarnos.

–Bueno, pase –dice–. ¿A qué debo el honor de su visita?

–Vine simplemente a verlo y a que oremos juntos unos minutos.

–La verdad es que hoy estoy muy ocupado. Por favor, dígame qué le ocurre, por qué vino a verme.

–Vine porque quería verlo. Sé que es una persona muy ocupada así que no lo voy a distraer más que cinco minutos. ¿Cómo fueron sus reuniones el domingo último?

–Bueno, la verdad es que fue un día bastante bueno. Me sentí satisfecho con el sermón, y ese día recibimos una de las mejores ofrendas de estos últimos tiempos. La verdad es que no puedo quejarme.

–¡Cuánto me alegro! ¿Tiene familia?

–Si, mi esposa y tres niños. Mi esposa está en cama. Está enferma.

–¡Qué pena! Bueno, debo irme, pero antes hagamos una oración por su esposa: "Gracias Jesús por esta casa, por este hermano, por la reunión que tuvieron, la unción que le diste al predicar y la hermosa ofrenda que dieron los hermanos. Gracias por su esposa. Sánala y ayúdala. Amén". Muchas gracias pastor. Adiós.

Mientras cierra la puerta de la calle, ese pastor quedará pensando: "Pobre hombre, qué forma rara de actuar, llamaré a su obispo. Quizá tiene demasiado trabajo y le está fallando la mente".

–Hola, ¿hablo con el bispo? Quería preguntarle si el pastor Ortiz pertenece a su denominación. Bueno, le hablaba porque pienso... Sí, él vino a mi casa hoy. ¿Ha notado algo raro en él, en estas últimas semanas? Pienso que no debe estar muy bien, usted sabe, los pastores están siempre tan ocupados que algunas veces les viene algo así como una... como una chifladura... por favor, no lo pierda de vista, porque vino a mi oficina para nada, ¡imagínese eso! Sí, sí, bien. No lo pierda de vista. Adiós.

A la semana siguiente, el pastor Ortiz vuelve a llamar a su puerta. El pastor Rodríguez mira por la ventana y dice: "¡Otra vez el chiflado de Ortiz! Bueno, por lo menos no se queda mucho". Y entonces va y le abre la puerta.

–Buenos días, pastor Ortiz. ¿Cómo se siente?

–Muy bien, pastor.

–¿En qué puedo serle útil?

–Vine a visitarlo. ¿Cómo sigue su esposa? Mi esposa y yo estuvimos orando toda la semana por ella. Ella quería venir a visitarla, pero no estaba segura de si su esposa se sentiría en condiciones de recibir visitas. Pero, tome, le manda estas flores.

–Bueno, muchísimas gracias.

–Y qué tal, ¿cómo fue la reunión del domingo?

–Muy bien, una reunión muy buena.

–Hermano, tengamos unas palabras de oración, tengo que irme: "Gracias Jesús porque la esposa de mi hermano está mejor. Amén".

–Que le vaya bien, hermano.

A la semana siguiente, llama otra vez a su puerta. Al cabo de cinco semanas... ¡ese pastor lo va a estar esperando! El próximo paso no es invitarlo a una reunión. Lo invito a pescar o a mi casa a charlar un rato y a tomar un café. Es probable que él esté en contra de mi denominación, pero no puede estar en contra de un café o un helado. ¡Yo lo *amo*! Después que vamos a pescar juntos, luego que viene a mi casa, una vez que me invita a mí y a mi esposa a ir a su casa, ya somos amigos. He ganado su confianza. *Recién entonces* comparto con él mi carga, por los pastores de la ciudad, mi deseo de que seamos verdaderamente hermanos y nos amemos los unos a los otros. El amor es el caballo que tira del carro de la hermandad. No ponga el caballo detrás del carro. Primero ame y *luego comparta* sus sentimientos. ¿Le parece difícil? Jesús dijo que deberíamos poner nuestra vida por los hermanos. Ir a visitar a un pastor hermano es mucho menos que dar mi vida por él. Pero es el principio. Una vez que nosotros, los pastores, comenzamos a experimentar este amor, se esparcirá con rapidez entre los otros miembros del Cuerpo de Cristo de nuestra ciudad. Pero primero tiene que comenzar con nosotros. Debemos tener los ojos de Jesús. Cuando Él mira una ciudad, ve a pastores y ovejas como una iglesia. Si nosotros estamos en Él, veremos como Él ve. Ninguno es dueño de la doctrina "verdadera". Pero eso no es un impedimento para que el Señor nos ame. Tampoco debería ser un impedimento para que sus siervos se amen entre ellos.

El discípulo

Hace tiempo, un pastor de nuestra misma denominación se había vuelto enemigo mío. Él creía que yo no era fiel a la iglesia, porque tenía comunión con pastores de otras denominaciones y sacerdotes católicos. Con el tiempo, llegó a odiarme. En la conferencia anual, me acerqué a él y le dije:

–Hola, ¿cómo estás? –Y le di un abrazo.

–No me abraces. Yo no te quiero.

–Pero yo sí te quiero –le contesté.

–¡No puedes amarme porque soy tu enemigo!

–¡Gloria al Señor! No sabía que eras mi enemigo, pero qué hermosa ocasión que se me presenta para amar a mi enemigo. ¡Jesús, te doy gracias por mi amado enemigo! –Y lo abracé otra vez.

¡Un año después, prediqué en su congregación! El amor es el arma más poderosa del mundo. Jesús conquista al mundo por medio del amor, y nosotros debemos hacerlo de la misma manera.

8

El grado más alto de amor: Amor como el puré de papas

"Yo les he dado a conocer quién eres, y seguiré haciéndolo, para que el amor con que me has amado esté en ellos, y yo mismo esté en ellos"

(JUAN 17:26)

E l amor que podríamos considerar el más elevado, es un amor que reina entre los miembros de la Santísima Trinidad. *"Padre, así como tú estás en mí y yo en ti, permite que ellos también estén en nosotros"* (Juan 17:21). ¿Es posible para el ser humano imaginar el amor que existe entre los miembros de la Divinidad? ¿Puede pensar cómo el Padre ama al Hijo? ¿De qué modo el Hijo ama al Padre? ¿Llegaremos alguna vez a entender cómo el Espíritu Santo ama al Hijo y al Padre, y viceversa? El amor que reina entre ellos es infinito y eterno. Es el amor de seres que han alcanzado la madurez y nada ni nadie los puede separar. Es la clase de amor que asegura que nunca surgirán desavenencias entre ellos. En las páginas del Antiguo Testamento, leemos cómo el Padre hizo milagros y señales; levantó muertos y sanó enfermos. Luego vino el Hijo a la tierra e hizo lo mismo. El Padre no dio muestras de celos, sino que se mostró complacido (ver Mateo 17:5). Luego que Jesús ascendió a los cielos, descendió el Espíritu Santo y también hizo lo mismo. Sin embargo, siguió existiendo una total unidad. El amor que existe entre el Padre, el Hijo y el Espíritu es de una madurez tan grande que nada los ofende. No compiten ni están celosos uno del otro. Este es el significado de ser UNO. El amor que existe entre el Padre, el Hijo y el Espíritu Santo está garantizado por la eternidad, y esto hace que los tres sean uno. Dos, más amor eterno, hacen uno. Tres, más amor eterno, hacen uno. Cuatro, más amor eterno, también equivalen a uno. Y cien cristianos, más amor eterno, también son uno. En esa matemática divina, con cualquier número siempre se obtiene el mismo resultado cuando nos amamos como Él ama. En la oración que Jesús elevó al Padre poco antes de su arresto, pidió que ese amor que existía entre ellos reinara también entre sus seguidores, entre nosotros.

Cuando era un niño, en la Escuela Dominical, recuerdo que el maestro nos explicó cómo nosotros estamos en Cristo. Lo comprendí perfectamente. Pero otro domingo nos habló de que Cristo está en nosotros: "Me parece que está equivocado –le dije–. Si nosotros estamos en Cristo, ¿cómo puede ser que Cristo esté en nosotros al mismo tiempo? Si una cosa está dentro de otra, la más grande no puede estar metida dentro de la más chica y al mismo tiempo". Sin embargo, ahora esto ya no es más un enigma para mí. Si yo estoy en el corazón de mi hermano y él está en mi corazón, ambos estamos uno en el otro. Si él piensa en mí y yo en él, estamos uno en el otro. El amor hace que seamos uno. Es obvio que hoy no somos uno. Nos hemos dividido en muchos grupos. Ni siquiera es una garantía pertenecer a la misma denominación. Claro, es difícil amar a toda la Iglesia al mismo tiempo, por eso, debemos pertenecer a pequeños grupos, o células, para tener el placer de recibir y dar ese amor en forma concreta, y amarnos conociendo los defectos de los otros. Así como Dios nos amó desde el principio. *"Porque a los que Dios conoció de antemano, también los predestinó..."* (Romanos 8:29). ¡Qué paz nos da saber que Dios nos amó *conociéndonos*!

Dios ha agrupado su gran familia humana como un montón de pequeñas familias, donde todos estamos conectados por amor. Él tiene solamente dos grupos: los que se aman unos a otros y los que no se aman. Por lo tanto, si usted me pregunta: "Hermano Ortiz, ¿de qué grupo es usted?". Mi respuesta será: "Soy del grupo de los que se aman unos a otros". Al final, en el día del juicio, habrá solo dos grupos: las ovejas y los cabritos. En la Argentina, hay muchísimas ovejas y también cabritos. Cuando se arrean las ovejas, todas corren juntas. Aun cuando van al matadero, hay una oveja guía a la que todas siguen... al degolladero. Todas van en la misma dirección, se hacen un cuerpo. Las cabras son al revés, se van topando unas a otras. No hace falta el don de discernimiento para saber quién es cabra y quién es oveja. Si topa, es una cabra. ¿Basándose en qué determinó Cristo quién es oveja y quién cabra? En tener amor o no: si habían dado agua a los sedientos, comida a los hambrientos, si habían visitado a los enfermos y a los que estaban en la cárcel y vivían amando, eran ovejas. A estos les dijo: *"Benditos de mi Padre"*. A los otros en cambio no los llamó benditos, sino *"malditos"*, porque no habían practicado el amor.

Note que Dios está reagrupando a su pueblo. Los nombres denominacionales ya no significan nada. La gente busca iglesias donde se practica el amor. El amor del grado superior se puede ilustrar con las papas. Cada planta de papas tiene tres, cuatro o cinco tubérculos. Y cada tubérculo pertenece a una u otra planta. Llegado el momento de la cosecha, los cosecheros sacan las papas de todas las plantas y las ponen juntas en una bolsa. Podríamos decir que las está reagrupando. Puede que estas papas se pongan muy contentas al estar junto con sus hermanas: "¡Gloria al Señor, ahora todas estamos en una misma bolsa!". Pero aún no son una. Llega el momento en que el ama de casa las compra, las lava y las pela, les saca los rótulos y la cáscara. Las papas piensan: "Ahora sí estamos unidas". ¡Todavía no! Luego las corta en trozos y las pone en una olla. Ya han perdido su identidad y creen que ya están listas para el Maestro. ¡Todavía no! Porque lo que Dios quiere es puré de papas. No muchas papas individuales y sueltas, sino puré de papas. Ninguna podrá decir: "Miren, ¡esta soy yo!". La palabra *yo* debe ser reemplazada por la palabra *nosotros*. El Padre nuestro comienza: "Padre *nuestro* que estás en los cielos..." y no: "Padre *mío* que estás en los cielos...". Con la mayor reverencia, quiero decirle que el Padre, el Hijo y el Espíritu Santo son tres papas hechas puré. Por eso, aunque son tres, son uno a la misma vez. Jesús tiene hambre de puré de papas. Lo va a tener. Ya están ocurriendo cosas muy lindas en su Iglesia.

Dentro de poco, si empezamos a amarnos con este grado de madurez, la palabra *hermano* no servirá más en nuestro vocabulario cristiano. Como estamos ahora, tenemos que llamarnos hermanos, porque no vivimos como hermanos. Pero cuando vivamos como hermanos verdaderos, no hará falta usar la palabra hermano, nos llamaremos por el nombre o sobrenombre. En mi casa, a mi hermano Rubén no lo llamábamos "hermano Rubén", sino "el Flaco". Mi hermano no tenía que llamarme "hermano Juan Carlos"; todos sabían que yo era hermano de ellos, porque nos amábamos y vivíamos como hermanos a la vista de todos. En la iglesia, decimos pastor Fernández o hermano Ortiz, porque no tenemos relación íntima. Queremos aparentar que somos, pero en realidad no somos. Recuerdo, siendo joven que visité una iglesia metodista, y el pastor dijo: "El Señor González nos guiará en la oración". Yo pensé para mis adentros: "¡Qué mundanos son los metodistas! Ni siquiera se llaman hermanos". Pero después comprendí que la relación entre los que nos llamábamos "hermanos" en mi iglesia era igual que como entre los que se llamaban "señores" en la otra iglesia. La diferencia era que ellos no vivían como hermanos, pero no lo pretendían tampoco. En cambio nosotros tampoco vivíamos como hermanos, pero pretendíamos aparentarlo diciendo la palabra hermano. Ellos eran más sinceros, nosotros más hipócritas. Con las palabras, nos engañábamos.

El amor tiene, entre otras, dos dimensiones: la mística y la práctica. Lo místico es el beso y el abrazo, lo práctico es ir a trabajar para traer comida y vestido a la persona que amamos. Algunos dicen en un momento de emoción: "¡Oh, mi hermano, cuánto *amorrrr* siento por ti!". Pero si eso es verdad, debe ir seguido de: "¿Qué es lo que te hace falta?". En la época de una gran renovación espiritual en la Argentina, estuve en una convención en Córdoba donde, al llegar el momento de predicar, decidimos que no habría predicación, usamos todo el tiempo para celebrar la comunión. Compramos diez kilos de pan; La Biblia no especifica de qué tamaño tienen que ser los trozos de pan. Entregamos un pan a un grupo de cuatro o cinco para que lo compartieran entre sí como quisieran y comieran juntos mientras contemplaban y adoraban a Jesús en sus hermanos. Por espacio de más de una hora, estuvimos allí en el gran salón comiendo el pan en grupos. Nos abrazamos, lloramos y, de repente, comenzamos a compartir dinero con hermanos que sabíamos que eran más pobres que nosotros. El amor emocional y místico se comenzó a transformar en actos concretos de amor supliendo las necesidades en forma práctica. El amor es un mandamiento, es vida, es el oxígeno del reino de Dios.

9

El idioma del reino de Dios

"Alábenlo por sus proezas"

(Salmo 150:2)

Entre todos los hombres de Dios que se mencionan en las Escrituras, David es el maestro de alabanza y adoración. Él pasaba mucho tiempo contemplando a Dios de día y de noche mientras cuidaba las ovejas. Él, más que ningún otro, nos enseña con su ejemplo la manera de expresar el amor a Dios que palpita dentro de nosotros. Un día me propuse leer sus salmos de un tirón. También, esta vez, decidí no buscar textos especiales, o palabras de consuelo o aliento para mí, sino aprender algo en cuanto a David como persona, estudiar su corazón a través de sus escritos. Lo hice porque a mí también me gustaría ser un hombre según el corazón de Dios como él. No me propuse leer las palabras que escribió, sino a través de ellas, leer y estudiar su corazón porque quería asemejarme a él. Los salmos de David indican qué clase de persona era.

Entonces comprendí que el libro de los Salmos está compaginado como una sinfonía. Comienza con suavidad. Da la sensación de que uno está escuchando una orquesta filarmónica por primera vez. Al ver todos los instrumentos en el escenario, nos sobrecogemos. De pronto, comienzan a sonar dos o tres violines. ¡Qué desilusión! Luego sigue el piano, después viene el adagio, luego el mezo forte, en seguida el forte, y cuando todos los instrumentos están, suenan juntos en el fortísimo. Allí nuestras emociones experimentan una sensación de sobrecogimiento difícil de explicar. El salmo 150 es el fortísimo de David, lo que podríamos llamar su *gran finale*.

Alábenlo con sonido de trompeta,
Alábenlo con el arpa y la lira.
Alábenlo con panderos y danzas,
Alábenlo con cuerdas y flautas.
Alábenlo con címbalos sonoros,
Alábenlo con címbalos resonantes.
¡Que todo lo que respira alabe al Señor!
¡Aleluya! ¡Alabado sea el Señor!
(Salmo 150:3-6)

¿Por qué todo ese estruendo? *"Alaben a Dios en su santuario, alábenlo en su poderoso firmamento. Alábenlo por sus proezas, alábenlo por su inmensa grandeza"* (vv. 1-2). No es solamente alabarle, sino "alabarle por..." Yo nací y me crié en una iglesia donde nos exhortaban a alabar al Señor. Desde mi niñez, aprendí palabras sueltas de alabanza, pero no aprendí el idioma de la alabanza ni su vida, aun cuando gran parte de nuestros cultos estaba dedicado a "alabar al Señor", es decir, a gritar: ¡Aleluya! ¡Gloria a Dios! ¡Alabanzas al Señor! ¡Amén! Estas eran casi todas las palabras más comunes de la alabanza. Pero ¿qué quiere decir alabanza? Es el reconocimiento de virtudes. La palabra *alabanza* en sí misma no es una alabanza. Las alabanzas no son las palabras Aleluya, Gloria a Dios, te alabo Señor, etc. Sino la declaración de las proezas y la muchedumbre de su grandeza.

Supongamos que concurro a una reunión, y alguien canta un solo. Cuando concluye, yo me acerco al cantante y le grito: "¡Oh! ¡Lo alabo! ¡Lo alabo! ¡Lo alabo!". Eso no es alabanza. Tengo que alabarlo *por algo*. Pero si le digo: "Cuando usted comenzó a cantar, mi corazón de veras respondió a sus palabras y expresiones. Miré el rostro de otros hermanos, y muchos, al igual que yo, nos sentimos transportados como en éxtasis hasta el mismo trono de Dios". Esto es alabar al cantante.

Y si veo una señora que va por la calle llevando a su bebé en un cochecito, me aproximo a ella y le digo: "¡Señora! ¡La alabo! ¡La alabo! ¡Con toda mi voz la alabo!". Sin duda que me va a decir: "Señor, ¿usted está loco?". En cambio, si al acercarme le digo:

–Perdone, ¿es usted la mamá de este bebé?

–Sí, soy la mamá.

–¡Qué criatura más hermosa! ¡Qué saludable y alegre se lo ve! Es evidente que usted le da atención y cariño especial, y me imagino que debe sentirse muy orgullosa de tener un bebé tan bonito... –Eso es alabar a la señora del bebé.

Aunque no haya empleado para nada la palabra alabanza, la he estado alabando. Si me aproximo a un artista y le digo: "¡Oh, lo alabo, aleluya, aleluya!", el artista se asustará. Lo que corresponde es que al acercarme le diga: "Lo he estado observando, y la manera en que ha pintado esa mano con el cáliz es realmente estupenda. Es como si la mano quisiera salir de la tela para ofrecerme el cáliz". Esto es alabar al artista.

En nuestras alabanzas a Dios, usamos la palabra *alabanza*, pero no decimos la alabanza. Nuestras palabras han pasado a ser como cajas de regalos vacías. El rótulo dice "Regalo", pero al abrirlas no hay nada. ¿Cuál es el regalo, qué es, donde está? *"Alábenlo POR sus proezas".* ¿Cuáles son las proezas, dónde están?

Para ayudar a los miembros de mi iglesia pentecostal a crecer en la alabanza, cuando alguno de la congregación gritaba: "Te alabo, Señor", yo le preguntaba:

–Hermano, ¿cuál es la alabanza? ¿Alabanza por qué?

–Bueno... este... yo lo alabo porque... este... porque... ehh.

La verdad era que no sabía por qué alababa al Señor. El creía que gritar "te alabo" era una alabanza. Él decía la palabra alabanza, pero no le hacía ninguna. Era la palabra alabanza, pero no la alabanza en sí. Otro exclamaba:

–¡Aleluya!

–¿Por qué dice aleluya? –le preguntaba.

–Bueno, yo digo aleluya porque... porque... este...

–Usted dice aleluya porque es pentecostal, y eso forma parte de nuestra liturgia. ¡Por eso dice aleluya! Pero ¿sabe usted el significado de aleluya?

David dijo: *"Alábenlo por sus proezas, alábenlo por su inmensa grandeza".* Nosotros nunca lo habíamos hecho. Concurríamos a la iglesia con carretillas llenas de cajas envueltas en papeles de hermosos colores, con cintas y moños, y grandes tarjetas que decían: "¡Gloria al Señor! ¡Aleluya!

¡Gloria a Dios! ¡Amén!". Y nosotros los pastores creíamos que teníamos una iglesia que alababa. Así, llevábamos esas cajas al altar. Pero cuando Dios las abría, no encontraba nada adentro. ¡Una caja vacía hace más ruido que una caja llena! Cierta vez me dije a mí mismo: "Ya hace más de treinta años que estoy en la iglesia. He nacido y me he criado en su seno. ¿Qué es lo que he aprendido en todos estos años tocante a la alabanza?". La verdad era que había aprendido a gritar cuatro palabras: "Aleluya", "Gloria a Dios", "Alabanzas" y "Amén". Imagínese, ¡treinta años para aprender a gritar esas cuatro *alabanzas*! Luego pensé que habíamos dado un gran paso adelante, porque le pusimos armonía y cantábamos esas mismas palabras en diferentes tonos, lo llamábamos "cantar en el espíritu". Aunque eran las mismas palabras, ahora las cantaba y creía que de veras estaba creando algo nuevo.

Pero un día, dije: "Señor, ¿es esa toda la alabanza que puedo brindarte?". Y fue entonces que leí lo que había escrito David: "Alábenlo *por* sus proezas". Comprendí que alabanza es subrayar virtudes, proclamar hechos, admirar las proezas y la grandeza de Dios, definiéndolas inteligentemente con Él a solas o en público. Una alabanza con entendimiento es saber *por qué* lo alabamos y decírselo. De otra manera, nos engañamos pensando que estamos alabando al Señor cuando en realidad lo que hacemos es ruido con latas vacías. Mucho del griterío que hacíamos eran palabras sin entendimiento. Cajas vacías, palabras huecas.

Es como si dijera: "Voy de compras". Y al regresar a mi casa, mi esposa me dice: "¿Qué compraste?". "Nada. Salí de compras, pero no compré nada". Uso la palabras *fui de compras*, pero no compré nada. Lo único que hice fue dar vueltas y volví con la palabra *compras*, pero sin comprar nada. Muchos decimos *alabanzas al Señor*, pero ¿dónde están las alabanzas? ¿Por qué cosas alabamos? No estamos alabando.

Cuando uno da un regalo, no es tan importante el envoltorio ni la tarjetita, sino el regalo. La congregación comprendió el por qué de mis preguntas, y decidimos dar un paso adelante en la alabanza.

Para esto les dije un día: "Durante un mes, están prohibido en las reuniones decir estas palabras: *Aleluya, Gloria a Dios, Alabanzas al Señor y Amén*. En vez de traerle a Dios solo la tarjetita del regalo, vamos a traerle el contenido del regalo. Vamos a traer el regalo en la mano sin el envoltorio". Créame, fue una revolución. Al principio ¡nadie sabía alabar sin esas palabras! Algunos me decían: "Si no puedo decir *aleluya*, ¿qué se supone que debo decir? Después de todo, hasta los mismos ángeles exclamaron 'Aleluya'". "Sí –le respondí–, ellos dijeron: '*¡Aleluya porque el Señor nuestro Dios Todopoderoso reina!*'" (Apocalipsis 19:6 RVR). Leyeron la tarjetita, pero también le dieron el regalo. David dijo que lo alabemos *por sus proezas*. Cuando usted decide alabar al Señor, debe tener en mente una proeza que Él hizo o es y decirla en frente de todos, porque de otra manera, tu llamada "alabanza" será una palabra hueca solamente.

Me pregunto cómo no descubrí esto antes. Hemos llegado a ser como un automóvil que se queda encajado en el barro o en la nieve. Hace mucho ruido con el motor, sus ruedas giran, patinan y consumen gasolina, pero no van a ninguna parte. A mí me pasaba lo mismo. Hacía un montón de ruido, pero estaba empantanado. No tenía entendimiento, hacía lo que hacían otros. Fue entonces cuando dije: "Señor, cuán pobre en alabanza es mi vida. Si no recito los salmos de David o canto los himnos del himnario, no tengo palabras propias para alabarte". Entonces comencé a ser más observador, meditar en mi vida y experiencia, y reconocer cuántas maravillas Dios había hecho y estaba haciendo en mí, en mi familia, en la iglesia, etcétera. Lo encontré en muchos lugares donde nunca me hubiera imaginado que estaba e identifiqué maravillas y milagros que nunca me había detenido a contemplar y a agradecerle. ¿Se imagina el milagro de la concepción, que forma una microscópica célula que comienza a multiplicarse y a formar el cuerpo de una persona? ¿Se imagina el milagro de la digestión, que transforma un plato de arroz en piel, hueso, cabellos y más. El milagro de la vista, del oído, del cerebro, la información que hay en la microscópica célula humana con sus cromosomas y genes, y su multiplicación? ¡Un universo de milagros, maravillas y proezas!

Comencé a ver a Cristo en mi hermano y prorrumpir: "¡Qué hermosas facciones le diste a mi hermano!". Luego me puse a meditar cómo Jesús vivía dentro de él y cómo lo había rescatado de sus vicios. Luego pensé que eso no era nada, lo rescató del infierno, y más aún, le dio vida eterna... ¡Ese borrachín va a estar en las mansiones celestiales con el Padre, el Hijo, el Espíritu Santo, los ángeles y todos los santos por todos los siglos! Comprendí que la alabanza es más que meramente una explosión de palabras el domingo por la mañana. Es todo un idioma de por sí. Si tenemos los ojos abiertos y miramos alrededor, tendremos tema de alabanza continua. Alabar es expresar lo positivo, que es la vida de fe, y nunca hablar o comentar lo negativo. Como el castellano es el idioma del mundo de habla hispana, el inglés es el idioma de los Estados Unidos, Gran Bretaña y otras naciones, y el portugués es el idioma que se habla en Brasil, Portugal y otros países; de la misma manera la alabanza es el idioma del reino de Dios. Los ciudadanos de ese reino hablan ese idioma, y nos resulta fácil conocernos los unos a los otros por las alabanzas que fluyen de nuestro corazón y de nuestra boca.

Así lo dijo David: *"Bendeciré al Señor en todo tiempo; mis labios siempre lo alabarán"* (Salmo 34:1). Al leer los salmos, aprendemos que David alababa al Señor no solamente en los cultos, sino en su trabajo y en su descanso, de noche y de día. En sus salmos, él habla de los cielos, la luna y las estrellas, las ovejas y los pastores, etcétera. Todo siempre como alabanzas. *"Cuando contemplo tus cielos, obra de tus dedos..."* (Salmo 8:3). Ese era su idioma. Para Dios, en este mundo hay solamente dos idiomas: el de su reino y el del reino de las tinieblas. El primero es el idioma de la alabanza, mientras que el segundo es el de las quejas. La alabanza es subrayar todo lo positivo que hizo y hace Dios. La queja es subrayar todo lo negativo que hizo y hace Satanás. La alabanza es reconocer virtudes, mientras que la queja es acentuar lo negativo. La alabanza agradece por la lluvia, la queja se queja por la lluvia. La alabanza agradece por las personas, la queja las critica. Todos los seres humanos hablan un idioma o el otro. Qué maravilla es estar con una persona que habla positivamente de todo. Qué mal efecto causa el que habla negativamente de todo. Hasta las caras son diferentes cuando hablan. La cara del que alaba es dulce. La cara del quejoso es amarga.

Uno que habla el idioma de las tinieblas dice cuando el despertador suena por la mañana: "¡Quién habrá inventado el trabajo!". Cuando se sienta a la mesa para desayunar: "El café está muy caliente, ¡cómo tardan las tostadas! ¡Qué frío! ¡Qué calor!". Se queja del Presidente, del ómnibus, del tráfico, de todo.

Lo triste es ver a creyentes hablando el idioma de las tinieblas. Van a la iglesia, cantan "Aleluya, aleluya", pero al salir de la reunión, cambian su idioma: "Uf, está lloviendo. ¡Qué día horrible!". ¿Sabes quién hizo ese día? Lo hizo Aquel a quien cantabas el Aleluya. En el culto, cantamos: "Este es el día que hizo el Señor. Alegrémonos y gocémonos en él". Sin embargo, al salir criticamos el día, el tiempo y hasta al predicador. ¿Quién hizo ese día? Lo hizo el Señor. ¿Cómo es posible que cantemos "Alabado sea el Señor" y unos minutos después critiquemos a la misma Persona? Ni sabemos lo que decimos. Las alabanzas del culto son sin entendimiento.

Cuando viajo a los Estados Unidos, algunos norteamericanos que estudiaron un poco de castellano en la escuela, se acercan y me dicen en un castellano muy pobre: "¿Cómo está usted?". Yo le respondo en castellano también: "Muy bien, gracias, ¿y usted?". Entonces se echan a reír y me dicen en su idioma: "La verdad que lo único que sé en castellano es 'como está usted', yo no hablo castellano". Este no es su idioma; solo recuerdan unas pocas palabras aprendidas en la escuela y, por lo tanto, casi ni saben lo que dicen y repiten siempre lo mismo. Esto también sucede con algunos creyentes. El suyo no es realmente el idioma de la alabanza; solo pueden decir unas pocas palabras que aprendieron en la escuela pentecostal: ¡Aleluya! ¡Gloria a Dios! El resto del día, su idioma es el de la queja como todos los demás. Si el día es caluroso o frío, en vez de lluvioso, igual lo critican: "¡Qué día más horrible!".

Nada de lo que Dios hizo es horrible, ni espantoso ni feo. La lluvia es una manifestación de sus proezas. Lo mismo lo es la nieve, el calor y el granizo. Aprendí a decir: "¡Qué precioso día de sol!, ¡qué lindo día de lluvia! ¡Qué hermosa es la nieve! ¡Qué espléndido día de calor!". ¿Y por qué no? Todos los días son hermosos, porque Dios los hizo y Él merece ser alabado por haberlos hecho. Pablo le dijo a Timoteo: *"Todo lo que Dios ha creado es bueno, y nada es despreciable si se recibe con acción de gracias"* (1 Timoteo 4:4). Si somos agradecidos, todo nos resultará bien, de lo contrario todo lo encontraremos mal. En Buenos Aires, durante el verano, la temperatura alcanza los 38 °C o más. Cuando pasa un poco de los 30°, si me encuentro con alguien, con seguridad me dice:

–Hola, pastor Ortiz, ¿cómo lo está pasando con este calor?

–Muy bien, gracias –le contesto–. ¿Y usted?

–Oh, la verdad es que es un día insoportable.

–No, mi hermano querido. Lo que ocurre es que nuestro Padre ha subido un poco el termostato para que maduren los trigos.

Y a medida que la temperatura sigue, mayores son las quejas. El cristiano debería estar orgulloso de su Padre. ¡Qué poder grande que tiene! Nosotros, para proporcionar calefacción a un edificio de departamentos, tenemos que hacer funcionar enormes calderas, pero nuestro Padre puede calentar todo el país hasta 38° o más ¡sin siquiera una caldera para lograrlo! También puede hacer que el tiempo se torne frío, y la escarcha mate a muchísimos gérmenes y bacterias sin emplear DDT. ¡Estupendo!

Generalmente, una vez por año, una compañía de patinaje sobre hielo hace su presentación en un estadio deportivo. Viera usted los grandes equipos electrónicos que usan para crear artificialmente el hielo en el estadio. ¡Pero también he visto a nuestro gran Dios haciendo de todo el enorme y maravilloso país del Canadá, una pista de patinaje sobre hielo de miles de kilómetros cuadrados! Ese es el poder de Dios. ¡Gloria sea dada a Él por el hielo y la nieve, el frío, el calor, la lluvia y el granizo!

Pablo también manifestó: *"Así que recomiendo, ante todo, que se hagan plegarias, oraciones, súplicas y acciones de gracias por todos"* (1 Timoteo 2:1). Durante ese mes en el que cambiamos la forma de alabar, de las palabras Aleluya, Gloria a Dios, Alabanzas al Señor y Amén, comencé a alabar así:

–Señor, te vamos a dar gracias por algunas cosas y personas en especial. Gracias por el teléfono. Eso es algo que lo tomamos por normal, pero ¿cuántos técnicos hay detrás de toda esa gran red telefónica? Gracias, Señor por la Empresa Nacional de Telecomunicaciones.

–Gracias, Señor –contestaron todos.

–Señor –continué–, toda vez que abrimos las llaves del agua, sale agua fría y caliente, también es algo que damos por sentado. Pero ¿cuántos miles son los que trabajan para hacer posible que tengamos agua sin el menor esfuerzo? Las obras de ingeniería de los diques, las bombas, las cañerías de miles de kilómetros para que llegue el agua adentro de mi casa. Muchas gracias, Señor, por la empresa que provee agua corriente.

–Sí, Señor, gracias por el agua corriente –contestó el grupo.

Seguimos alabando al Señor por los maestros en las escuelas, por los conductores de los medios de transporte, por los médicos, las enfermeras, las fuerzas de seguridad y el Intendente de la ciudad, el Presidente, los bomberos, etcétera. ¡Nunca antes habíamos hecho algo así! Vivíamos diciendo sin inteligencia: "Aleluya", "Gloria al Señor", pero al no poder usar esas palabras, pronto nos encontramos hablando un nuevo idioma. El idioma de la alabanza. Esto salió más allá de los cultos religiosos y se transformó en la práctica diaria, agradecíamos al cartero, al lechero y al panadero, la queja se fue muriendo, y la alabanza fue fluyendo en la vida diaria. Entramos a una nueva dimensión de la alabanza.

Dios no quiere que nos quejemos. Cuando decimos: "Señor, te agradecemos por las buenas cosas que ha hecho el Presidente", pienso que Dios debe exclamar: "¡Por fin! ¡Era hora que alguien se diera cuenta de que el Presidente hizo algo bueno!". El día que el teléfono está descompuesto, nos quejamos, pero pasamos por alto todos aquellos otros días en que funciona normalmente. Criticamos al pastor el día que se equivoca en el sermón, pero olvidamos las veces que lo ha hecho bien. Y cuando alguien muere, ¿por qué tenemos que entristecernos y olvidarnos de todos los años que vivió? Recuerdo que una vez tuve que oficiar en el funeral de una anciana que había llegado a los ochenta años. Yo no quería emplear el idioma de las tinieblas, de modo que en vez de decir "lamentamos esta triste pérdida", comencé diciendo: "¡Gracias a Dios por los ochenta años que esta señora estuvo entre nosotros! Su esposo y sus hijos están agradecidos. Todos nosotros estamos agradecidos; Dios nos permitió tenerla tantos años, así que hoy celebraremos la larga vida que Él le brindó a nuestra amada hermana, y todos agradezcamos a Dios por haberla conocido. Estamos en libertad para que todos los que deseen le den gracias al Señor por algo que les impactó de la vida de nuestra hermana". Todo el lugar se transformó. La gente comenzó a alabar a Dios por ella, el ambiente fue creciendo hasta llegar a ser glorioso. Al final el mismo esposo dijo: "Gracias, Señor por haberme regalado estos hermosos años con mi esposa. Su enfermedad ya le hacía difícil la vida, gracias que la liberaste y la llevaste a descansar y a gozar de tu gloria. Y gracias que nosotros la seguiremos y nos volveremos a ver". También pidió que cantáramos la canción favorita de ella:

Te vengo a decir
Oh mi Salvador,
Que yo te amo a ti,
Con el corazón.
Te vengo a decir
Toda la verdad.
Te quiero Señor, te amo Señor,
Con el corazón.
Yo quiero cantar

De gozo y de paz,
Yo quiero llorar
De felicidad.
Te vengo a decir
Toda la verdad.
Te quiero, Señor,
Te amo Señor, con el corazón.

Por cierto, no se trata de una canción muy apropiada para un funeral, pero en ese ambiente positivo quedó muy bien. El velatorio se transformó en una fiesta de celebración. Al final nos tomamos de las manos y comenzamos a movernos al compás de la canción, aun hasta el esposo. Estaba tan gozoso por la compañía de su esposa que el Señor le había dado por tantos años, que quería festejarlo. ¿Y por qué no? Debemos examinarnos para ver si realmente estamos hablando el idioma positivo del reino o el idioma extranjero negativo de las tinieblas. Si hablamos el idioma del reino, alabaremos al Señor *"en todo tiempo, su alabanza estará siempre en nuestra boca"*, todos los días, todo el año y por el resto de nuestra eterna vida. Así comprenderemos cabalmente lo que decimos.

El que habla el idioma del reino no dice que tiene la botella medio vacía, sino medio llena. No mira las espinas del rosal, sino las rosas. Nunca usamos la palabra *problema*, en su lugar ponemos la palabra *desafío* u *oportunidad*, porque las dificultades de la vida, según las Escrituras, *nos ayudan para bien,* aun las tribulaciones (ver Romanos 8:28, Santiago 1:2-3). Cada paso difícil es un desafío a crecer, a confiar en el Señor, a ser creativo. Siempre después de la prueba, entendemos que esa aparente dificultad, fue una gran bendición. La mayoría de las bendiciones vienen disfrazadas de dificultad. Cuando enfrente una, no diga que tiene un gran problema, sino *tiene una gran oportunidad* de crecer, de mejorar, de adelantar, de experimentar algo nuevo, *tiene un desafío que lo obligará a crecer* y a navegar aguas desconocidas hasta ahora. ¡Qué bendición! Tenemos muchas palabras negativas, como la palabra *barrera*. La barrera es algo que nos detiene, que obstruye, que cierra el paso. Sin embargo, la barrera debería llamarse *salvavidas*, porque en realidad para eso está, para salvar vidas. De no ser por ellas, ¡cuántos morirían bajo las ruedas del tren! Algunos, en su afán de ganar un minuto, violan la barrera y son atropellados.

10

El romance
con Dios

La palabra *oración* ha llegado a ser una palabra negativa. ¿Cuál es el culto menos concurrido? El de oración. Si usted anuncia que va a predicar sobre la oración, en lugar de atraer, ahuyenta a la gente. Claro, hay más de una razón por la cual la oración se ha hecho algo negativo.

- La repetición, sin saber nunca cuántas veces hay que repetirle a Dios lo mismo para que nos escuche.

- La falta de respuesta a muchos de nuestros pedidos –según Santiago–, porque pedimos mal.

- Creer que orar es pedir y pedir.

- Pedir cosas que Dios espera que las hagamos nosotros.

- Pedir cosas que ya Él prometió darnos.

- No recibir las cosas necesarias para la vida, porque no buscamos primero su reino.

Todo esto hace que se nos crucen muchas dudas en cuanto a la oración. ¿Será que estoy pidiendo bien? ¿Será que no tengo fe? ¿Será que no repito los pedidos lo suficiente? ¿Será que tengo que orar más horas? ¿Será que tengo que ayunar más? Sin embargo, he descubierto que el secreto no está en lo que yo debo hacer, sino en lo que Él quiere hacer con nosotros. No es tan importante lo que yo le puedo decir a Él, sino lo que Él me quiere decir a mí. Dios no necesita mi información, Él ya la tiene. Soy yo el que necesito ser informado por Él.

Hace ya más de treinta años que decidí separar muchas horas de mi semana para estar con Dios. Marco un día entero de la semana en el calendario y voy a **estar** con el Señor. No "hablar", sino *estar* con Él. No a "pedir", sino para *estar*. Elijo un lugar tranquilo para *estar* con Él, sin ninguna pretensión, *estar* para acompañarlo, para contemplarlo y meditar en Él, *estar* para gozarme con Él sin pedirle nada, presentarme *"como sacrificio vivo, santo y agradable a él"*. Al principio esto parecía locura, pero aprendí que la oración es un acto de fe, *"la demostración o convicción de lo que no se ve"*. Allí es donde más fe se necesita, porque estamos ante Uno *invisible*. En mis horas de estar, sin pedir y sin hablar, comencé a visualizar a Dios, su trono, a Jesús, al Espíritu Santo, a los ángeles y a los santos que están con el Señor alrededor del trono, traté de visualizar la gloria, el resplandor, la majestad. Las horas comenzaron a pasarse gloriosamente sin que las sienta. Comencé mi experimento en un monasterio de monjes contempladores. Ellos fueron una inspiración, oraban en silencio ocho horas por día. Simplemente, estando con Dios en silencio aprendí y sigo aprendiendo muchas cosas que no sabía. Siempre vuelvo de estar con Él con muchísimas ideas nuevas. Le he cambiado el nombre negativo a la oración por un nombre positivo. Atención, la oración no es negativa, sino que se hizo negativa por el mal uso, y por eso la mayoría no va al culto de oración donde se supone que vamos a hablar con Dios. Esas reuniones son las más aburridas. ¡¡La gente prefiere escuchar al predicador o al concierto musical, o al coro y a la banda, que estar con Dios!! ¡Algo hemos hecho mal con la oración para que los cultos donde está el grupo musical de alabanza, el predicador, las danzas, las banderas, los cantantes, etc. estén llenos, y el culto que se concentra en Dios esté vacío, y ni el pastor va, sino que manda a un diácono para que lo dirija! Sí, algo está muy mal en el uso de la palabra oración.

La experiencia de pasar horas contemplando al Señor me ha hecho ver que este tiempo es un tiempo de *romance*. Para mí estar con Dios es estar con mi *amigo*, con mi *novia*, con mi *esposa* en una relación de *amistad y amor*. No importa si hablamos o no, importa estar juntos. Y he descubierto que Dios, generalmente, no nos habla en la oración porque no le damos lugar. En las oraciones, hablamos nosotros y cuando terminamos decimos "amén", nos levantamos y nos vamos; Él solo debe escuchar. Pero al estar en silencio, nos habla poniendo intuiciones en nuestro corazón e ideas en nuestra mente. Nunca vaya a pasar tiempo con Dios en silencio y meditación sin llevar un cuaderno y un lápiz, porque tendrá que anotar la cantidad de ideas que reciba mientras lo contempla, medita sobre Él y lo adora. Ahora yo no voy más a *orar*, sino a tener un tiempo de *romance* con Dios. Esto lo aprendí mientras era pastor en Buenos Aires. Nuestra sala de oración era en el sótano, así que yo me iba a pasar mis tiempos de oración en la quinta que uno de nuestros diáconos nos prestaba en La Reja. Fue después de una de esas experiencias, volviendo de esa quinta, que compuse esta canción que no se hizo famosa, pero que yo la canté mil veces a solas:

El deleite de mi alma, es tu presencia, Señor;
¡Cómo se pasan las horas al respiro de tu amor!
No hay momento más sublime, que el que paso junto a ti;
¡Qué será el glorioso día, cuando vengas tú por mí!

Romance es una forma nueva y positiva de definir la oración. Siempre hay tiempo para el romance. Y cuando vamos a orar, si decimos oremos, todos se preparan para darle un discursito a Dios. Yo creo que hay una palabra que da una idea más clara y positiva, especialmente en estos días electrónicos, digamos: "¡Vamos a conectarnos con Dios en silencio!". Esta es una frase muy adecuada para la generación moderna, donde podemos conectarnos sin cables con todo el mundo por medio de la Internet. Hoy estar *conectado* es algo positivo.

El criticismo es también algo negativo. El que habla el idioma del reino nunca se embarra en el chisme. Me impresionó mucho cuando Anthony Schuller, el hijo del Dr. Robert Schuller, me dijo: "Nunca oí, en toda mi vida, ni a mi padre ni a mi madre, criticar a alguien, porque ellos creen que criticar es algo negativo. Siempre comentan lo bueno de la gente. Lo malo no lo comentan porque eso es hablar negativamente". El Dr. Schuller nunca pasaba cerca de mí sin decirme algo positivo. "Su sermón fue excelente", "sus casetes son los que más se venden", "nunca se vaya de nosotros", etcétera. Su positivismo siempre nos hacía sentir bien, levantaba nuestra dignidad y nos hacía amarlo más. Acaso ¿no es Dios así? El nos dice: "Te tengo esculpido en mis manos, eres la niña de mis ojos, con amor eterno te he amado, no te dejaré ni te desampararé". Cuando leemos estos textos en la Palabra, nuestra estima propia sube, y nos dan más ganas de vivir y de servirle.

11

Con los ojos abiertos

"Cuando contemplo tus cielos, obra de tus dedos, la luna y las estrellas que allí fijaste, me pregunto: '¿Qué es el hombre, para que en él pienses? ¿Qué es el ser humano, para que lo tomes en cuenta?'"

(SALMO 8:3-4)

"¡Brame el mar y todo lo que él contiene; el mundo y todos sus habitantes! ¡Batan palmas los ríos, y canten jubilosos todos los montes! Canten delante del Señor"

(SALMO 98:7- 9)

Hacia donde miremos, vemos evidencias de las grandiosas obras de Dios. Lo triste es que no las queremos ver o no nos detenemos a verlas. Quisiera compartir con ustedes una revelación casi "infantil" que recibí cierto día

97

sobre la causa por la cual nos cuesta alabar a Dios y a otras personas. Las alabanzas en vez de ser el idioma natural, constante y normal de nuestra vida, son palabras que, para pronunciarlas, tienen que forzarnos en los cultos con la música y una banda que revuelva nuestras emociones y nos diga: "Un aplauso al Señor", "¿cuántos han venido para alabar?", "a su nombre...", "a la rin ban ban...". Se me ocurrió que una de las causas por las cuales no sabemos qué y cómo alabar es porque tratamos de alabarlo con los ojos cerrados. ¿Qué inspiración puede darnos la oscuridad? Pero si abrimos nuestros ojos y miramos a nuestro alrededor, e intencionalmente contemplamos todo lo que vemos, encontraremos un sinfín de cosas por las cuales alabar y agradecer a nuestro Señor.

Todo el grupo de ancianos de nuestra congregación estábamos haciendo un retiro de oración en la famosa quinta donde íbamos a orar. Estaba a unas dos horas de auto de la ciudad en un lugar solitario. Había muchos árboles frutales y pinos todos alrededor, lleno de flores y cantar de pájaros, en fin, un lugar especial para el romance con Dios. Nos sentamos a orar debajo de un manzano; era el principio de la primavera, y los manzanos estaban todos florecidos. El primero en elevar su voz en oración dijo: "Señor, venimos a ti en este día...", y su oración, a medida que avanzaba, no difería en nada con aquellas oraciones tan familiares que oíamos en el viejo sótano de nuestra iglesia en el centro de la ciudad. El segundo comenzó a orar, y sucedió lo mismo. La oración no se distinguía en nada de las que hacíamos siempre en el triste sótano. Cuando llegó mi turno para cerrar el tiempo de oración, abrí mis ojos, miré los árboles, las flores, el manzano que estaba sobre nosotros todo florecido, dos picaflores moviéndose de flor en flor al compás de la armonía de docenas de pájaros cantando al Creador, y a mi grupo, todos con los ojos herméticamente cerrados, todos viendo oscuro. Entonces me vinieron palabras totalmente diferentes, dije: "Señor, hemos hecho un viaje bastante largo para escaparnos del lóbrego sótano de oración del centro de la ciudad y llegar a este lugar tan diferente y hermoso. Oigo que nuestras oraciones suenan tal como las que hacemos en el sótano de nuestra iglesia. Entonces, ¿para qué vinimos hasta aquí para orar? ¡Podríamos habernos quedado allá! Señor, ¡qué necios somos, vinimos desde lejos a sentarnos en medio de este hermoso parque con tanta belleza alrededor, y míranos, aquí estamos todos con los ojos cerrados! ¡Qué desperdicio! ¡Por eso las oraciones que nos brotan son idénticas a las que hacemos en el sótano! Pero ¡qué descubrimiento hice al abrir mis ojos! Señor, veo esos dos picaflores que tú has hecho, revoloteando de flor en flor y danzando de alegría, ¡qué maravilla! Las flores de este manzano y los ciruelos que nos rodean acaban de explotar, ¡qué vista! qué hermosura, qué maravillosa es tu creación..."

¡Los que estaban conmigo comenzaron poco a poco a abrir sus ojos! Habrán pensando qué me estaba pasando. Yo seguí: "Señor, las rosas que tú hiciste, los pinos que tu formaste de una semillita... Ahora me doy cuenta de por qué no tenemos nuevas palabras para alabarte ni cantarte un *cántico nuevo*. Ahora comprendo por qué David tenía tantas alabanzas para darte. Es que oraba con los ojos abiertos. Y de paso, Señor, ¿dónde dice la Escritura que debemos cerrar los ojos para orar? Realicé un recorrido relámpago en mi mente desde Génesis hasta Apocalipsis y no pude encontrar en la concordancia de mi mente ningún lugar en las Sagradas Escrituras que nos instruyera a cerrar los ojos para orar. Es más, La Biblia nos señala lo contrario. El Salmo 121:1 dice: '*A las montañas levanto mis ojos*'. Y en el Salmo 8:3, leo: '*Cuando contemplo tus cielos, obras de tus dedos, la luna y las estrellas que allí fijaste*'. Evidentemente, estaba orando con los ojos abiertos. La última oración de Jesús que se menciona en los Evangelios señala que

Él elevó esta oración levantando los ojos al cielo (ver Juan 17:1). Otra vez nuestra sagrada tradición nos ha hecho actuar al revés de lo que dicen las Escrituras".

A esta altura, todos mis compañeros ya estaban con sus ojos abiertos mirando alrededor y yendo con su vista más lejos que yo. Unos de ellos dijo: "¡Y qué del sol! ¿No es maravilloso? Acaso ¿puede negarse que sea un milagro de Dios? Padre, ¡qué grandioso eres! ¡Tú haces todo a la perfección!". Y así comenzamos a caminar por el gran parque con los ojos abiertos. Aspirábamos el aire intencionalmente y nos inclinábamos a inhalar el perfume de las rosas y a glorificar a Dios. Después de andar un rato mirando, tocando, oliendo y gustando por todo el jardín, el más joven de ellos se trepó a un árbol y exclamó: "¡Cuántas cosas preciosas percibo desde aquí!". Y comenzó a enumerarlas en alabanzas a Dios. Pronto todos nos habíamos trepado a los árboles y desde allí alabamos por lo que veíamos a los gritos, cada uno desde un árbol. De más está decir que ésta fue la reunión de oración más fuera de lo común que tuvimos en toda la vida, aunque no fue la última. Parecíamos un grupo de monos subidos a los árboles, gritando y gesticulando. "¡Fíjense en esa vaca! –decía uno–, Dios las hizo para que tengamos leche para nuestros hijos ¡Miren cómo crecen las plantas por el poder del Señor! ¡Vean a ese hombre allá a lo lejos! ¿Y qué de ese par de tórtolas? ¡Gloria al Señor por la hermosura de su amor!".

Cuando nos bajamos de los árboles, alguien exclamó: "¡Vean el pasto!". "¿Qué hay en el pasto? –le pregunté–, ¿es que nunca antes lo habías visto?". "Sí que lo había visto —me contestó–, pero ahora lo veo como una gran alfombra que Dios ha hecho para el mundo, y es gratis. ¡Gloria al Señor por la maravillosa alfombra!". Luego nos mirábamos unos a otros y alabábamos a Dios uno por el otro, alabando el carácter, la generosidad y las cosas positivas del otro. Y así continuamos por casi cuatro horas. Puedo decir que fue una de las reuniones de oración más provechosas que tuvimos, por el hecho que nos transformó y nos hizo cambiar de paradigma en cuanto a la alabanza como un idioma y no como palabras aisladas. A partir de ese día, empezamos a orar con los ojos abiertos y entramos en una dimensión nueva de la alabanza. Creo que el cerrar los ojos tiene su lugar cuando queremos como despedirnos del mundo visible y concentrarnos en el invisible (2 Corintios 4:18, Colosenses 3:1-3). Pero para *"alabarle por sus proezas"* no hay mejor cosa que abrir los ojos para mirarlas y describirlas.

Esto transformó por completo nuestra liturgia pentecostal de alabanza. Antes cerrábamos bien fuertemente los ojos y, como no veíamos nada, hacíamos cosas raras, como temblores, gritos y llantos en nuestras reuniones. Como teníamos los ojos cerrados, nos olvidábamos de que estábamos rodeados de otras personas y hasta hacíamos gestos ridículos. Ahora nuestros rostros no reflejan esa expresión rara que parecía apropiarse de nosotros cuando orábamos. Sabemos que otros nos están observando y ¡entonces ponemos caras lindas en armonía con lo que nos rodea! Hasta hemos dejado de cambiar el timbre de nuestra voz, porque aun eso hacíamos, al orar afectábamos nuestra voz, algunos como hablando de ultratumba, otros gritando como si Dios fuera sordo, otros en un tono sostenido monótono, otros como implorando misericordia, y el reiterado vocabulario. ¿Por qué orábamos así? Porque cerrábamos nuestros ojos y nos salíamos de la realidad que nos rodeaba. No es incorrecto, cuando estamos solos en la meditación, si nos molesta lo visible, cerrar los ojos para trasladarnos al reino invisible. Pero no cuando estamos en un culto público de alabanza.

Al tener los ojos abiertos, nos damos cuenta de que debemos vivir solamente una clase de vida durante las veinticuatro horas. Todo lo hacemos en la presencia de Dios y de nuestro prójimo. Su presencia está en nosotros y con nosotros siempre. No es necesario que le hablemos de una manera especial, distinta. Hablamos con Él en forma normal, como hablamos con otros. No le gritemos, ni le lloremos, ni temblemos. Seamos normales, alabémoslo. Es más, hasta los bancos en nuestra congregación ahora los hemos dispuesto de una manera no convencional. Cuando estábamos alineados uno detrás del otro, lo único que veíamos era la nuca del que estaba sentado delante de nosotros, teníamos poco para alabar. Ahora queremos ver caras en lugar de nucas, por lo tanto al poner los bancos en una especie de semicírculo, parece que disfrutamos de una comunión mayor. Al ver que otros alaban al Señor decimos: "Dios, gracias por mi hermano" y, mirando alrededor, alabamos a Dios por cada uno de ellos.

En algunas oportunidades, nos es necesario cerrar los ojos para mirar para adentro nuestro, escudriñar en lo profundo de nuestro ser y exponerlo ante Dios. Pero cuando lo alabamos, estamos expresando desde adentro hacia fuera y, al mirar a nuestro alrededor, encontramos muchísimas cosas con las cuales llenar nuestras cajas de alabanzas a Dios y al prójimo. ¿No era eso lo que hacía David? Es posible que viera acercarse por el camino a un pastor y que le dijera:

—Hola, ¿a dónde llevas el rebaño?

—A los pastos verdes y a las lagunas tranquilas al otro lado de la colina.

Y David, puesto que era una persona espiritual, que hablaba el idioma del reino, pudo apreciar la bondad de Dios en eso y se dijo a sí mismo: *"El Señor es mi pastor, nada me falta; en verdes pastos me hace descansar. Junto a tranquilas aguas me conduce"* (Salmo 23:1-2). Si en lugar de David hubiéramos sido nosotros, los cristianos carnales, los que nos hubiéramos encontrado con un pastor de ovejas, nuestro saludo hubiera sido:

–Hola, pastor. ¿Cuánta lana le rinde cada oveja por estación?

–Unos diez kilos.

–Y... ¿cuánto le pagan cada kilo?

–El precio que da el mercado. Entre quince y veinte dólares.

–Ya veo. Por lo tanto puede calcular unos doscientos dólares por oveja, ¿verdad? ¡Buen negocio!

Materialismo puro. Sin embargo, vamos a la iglesia y continuamos cantando: "Gloria al Señor, aleluya". Y el Señor dice para sus adentros: "¡Mmm, el mismo disco rayado de siempre!". David dijo: *"Canten al Señor un cántico nuevo"* (Salmo 98:1). Si él hubiera sido como muchos de nuestros compositores contemporáneos, con toda seguridad todavía sus herederos nos estarían cobrando los derechos de esos salmos. Todavía estarían vendiendo CD. David, empero, quería que cada uno compusiera sus propios salmos. Estos no están limitados a La Biblia. Son una proacción espontánea del hombre o de la mujer espiritual en una circunstancia dada. Si le sucede algo malo –como con frecuencia le ocurrió a David–, nuestra reacción debería ser un salmo al Señor como él lo hizo. Si recibimos buenas noticias, deberíamos proceder de igual modo.

Al escribir a los efesios, el apóstol Pablo señaló que la gente llena del Espíritu hablaría con *"salmos"* (5:19), pero no necesariamente los salmos de David. No es menester que estemos llenos del Espíritu para cantarlos, ¡sólo tenemos que saber leer! Sin embargo, el Espíritu dentro de nosotros puede darnos salmos nuevos y originales. Con mucha frecuencia, cantamos alabanzas que hemos tomado "prestadas", como los salmos de David. Yo las llamo alabanzas prestadas, cuando cantamos himnos que compusieron otros, pero que los cantamos con la actitud y respeto que ellos tuvieron al componerlos. Pero las llamo alabanzas robadas, cuando cantamos por cantar, sin el corazón ni el sentimiento de los autores. Con seguridad que si David estuviera entre nosotros, nos arrebataría el libro de salmos de las manos diciéndonos: "¡Dejen de cantar así! Yo no compuse los salmos para que ustedes los canten mientras dejan volar su imaginación y piensan en otra cosa. Mi corazón estaba rebosante cuando los escribí. Mis palabras eran una explosión de lo que ocurría dentro de mi alma. Ustedes cantan con tanta apatía que hasta parecen aburridos mientras lo hacen".

Está mal que cantemos canciones robadas. No está mal que tomemos algunas "prestadas", pero es mucho mejor si componemos nuevas canciones para el Señor, letras propias que nacen en nuestro corazón. ¿Se acuerda de lo que pasó cuando María fue a visitar a Elisabet en la montaña? ¿Cuál sería hoy la conversación de dos señoras embarazadas de nuestra congregación al encontrarse?: "¿De cuántos meses estás? ¿Cómo te sientes? ¿Qué te gustaría que fuera: varón o nena? ¿Tienes mucha ropa preparada para el ajuar del bebé? ¿Qué nombre le vas a poner?".

Pero mire qué diferente fue la conversación de María y Elisabet. Cuando se encontraron, el saludo fue un salmo: *"Bendita tú entre las mujeres, y bendito el hijo que darás a luz"* (Lucas 1:42). ¿Cuál fue la respuesta de María? Otros salmo: *"Mi alma glorifica al Señor, y mi espíritu se regocija en Dios mi Salvador"*, ¡el Magnificat! (Lucas 1:46 en adelante). Simeón estaba lleno del Espíritu. Al ver al bebé Jesús, no dijo: "¡Qué hermoso! ¿Cuánto tiempo tiene? ¿Cómo se llama?", sino que le brotó un salmo: *"Según tu palabra, Soberano Señor, ya puedes despedir a tu siervo en paz. Porque han visto mis ojos tu salvación"* (Lucas 2:29-30). La profetiza Ana hizo lo mismo. ¿Hay algún impedimento para que las personas llenas de Espíritu puedan expresarse espontáneamente con salmos que fluyen desde dentro de tu ser? ¿Cómo reaccionamos ante las dificultades, las muertes de seres queridos, la pérdida de bienes materiales y las bendiciones y éxito material? La persona espiritual responde con *"salmos, himnos y canciones espirituales"* (Efesios 5:19).

Un día me encerré en mi oficina y dije: "Señor, hoy voy a cantarte una canción nueva". Tome mi guitarra y comencé a rasguear: "Aleluya... Aleluya... Gloria al Señor". Era muy poco. No hizo falta mucho para descubrir mi pobreza. Fuera de esas alabanzas prestadas que había tomado de David, de María y de Wesley, no tenía nada. Pero seguí adelante y, desde aquel día, aprendí a decirle a Dios, a través de salmos, cuánto Él significa para mí. Muchas veces con mis ancianos hemos cantado nuevas canciones al Señor, hablando y respondiendo uno y otro por vez.

Hace ya algunos años, mi esposa y yo hicimos un viaje largo por Israel y Europa. Al llegar a Roma, nos esperaban muchas cartas de mi secretario, de nuestras madres que se habían quedado cuidando nuestros niños y de ellos mismos. Como es natural, primero abrimos las cartas de nuestros hijos. El que entonces tenía seis años había escrito todas las palabras que sabía: "Mamá, papá, tío, vaca, caballo". En sí no era una carta, pero era todo lo que había aprendido esos días en la escuela. Martha y yo nos sentimos extasiados. "Fíjate esto – nos decíamos el uno al otro–. ¡Qué precioso!". El que tenía cuatro años no sabía escribir, pero dibujó algo que parecía una novia, el novio y el pastor que, por supuesto, era yo. "¡Mira que precioso dibujo!", exclamamos alborotados. Nos reíamos de puro gozo y a la vez suspirábamos por volver a verlos y tenerlos en nuestros brazos. Y luego le tocó el turno al pedacito arrugado de papel de nuestra pequeña que a la sazón contaba tres años... Había hecho un montón de garabatos. "¡Mira esto!", grité. Mi esposa empezó a llorar, y pronto yo lloraba junto a ella mirando los garabatos de nuestra hijita más chica. El pastor italiano que nos había traído la correspondencia no nos quitaba los ojos de encima. Yo le mostraba los papeles y le decía: "¡*Guarda che bello!*". Como no eran sus hijos, eso no significaba nada para él. Pero para mí y para mi esposa, esos garabatitos eran grandes obras de arte, lo más hermoso del mundo. Aún los conservamos. Cuando usted canta un cántico nuevo, es decir algo suyo, aunque sea un garabatito como los que yo componía con mi guitarra a solas para Dios, a Él lo emociona muchísimo. Para Él no es un garabato. "*Cantad a Jehová cántico nuevo*". En sus devociones privadas, hágale una poesía, cántele una canción hecha por usted mismo. Al Señor le va a gustar mucho más que si fuera el "Aleluya" de *El Mesías* de Haendel, cantado por el coro del Tabernáculo Mormón. Empiece a cantarle cántico nuevo, vuelque la actitud de su corazón en palabras nuevas, cuéntele al Señor una historia con los sucesos de ese día, de algo que vea a su alrededor. Cualquier cosa que ponga de manifiesto su poder y su gloria.

Dios se mostrará tan alborotado que los ángeles del cielo lo mirarán a Él con la misma extrañeza con que nos miró a nosotros el pastor italiano. "¡Escuchen esto! –les dirá Dios–. ¡Es Juan Carlos con su guitarra! Ayer lo único que pudo cantar fue 'Aleluya, Gloria al Señor', pero hoy está añadiendo palabras nuevas. ¡Óiganlo!".

Es indudable que la Filarmónica Angelical y el coro de ángeles pueden hacerlo mucho mejor, pero Dios les dirá: "Estoy cansado de todo eso. Ahora déjenme escuchar por un rato los garabatos de mi Juanito". Llene sus cajas vacías con palabras y canciones nuevas. Alabe al Señor por sus proezas.

Segunda parte

Los odres nuevos

1

La perpetua niñez

E s posible que todo lo que escribí hasta ahora le haya gustado y que haya gozado la lectura, pero no lo beneficiará nada si no estamos dispuestos a hacer frente al desafío más urgente de la Iglesia: *la perpetua niñez* del creyente. De nada nos valdrá escuchar esta enseñanza de hacerlo a Cristo el Señor de nuestra vida, de servirle como siervo, de amar al prójimo como a mí mismo, dar mi vida por mis hermanos y amarnos como se aman el Padre, el Hijo y el Espíritu Santo, de cambiar la oración tradicional por el romance, de alabar con los ojos abiertos, y de cantar un cántico nuevo al Señor, repito, de nada nos valdrá toda esta enseñanza si no estamos dispuestos a crecer. Crecer es *cambiar*, es transformarnos cuando Dios nos renueva el entendimiento (Romanos 12:2). ¿Por qué tenemos una perpetua niñez? ¿Por qué no crecemos? Porque el crecimiento no viene por oír los estudios bíblicos, ni tomar notas ni comprar los casetes. Solo se crece cuando se obedece lo que Dios nos manda. Oír las palabras de Dios y no ponerlas en práctica es ser como el hombre necio que edificó su casa sobre la arena. Los castillos en la arena duran hasta la primera marea. La primera ola los derriba. Obedecer es edificar sobre la roca un edificio de muchos pisos. Es decir, CRECER. De esto trata la segunda parte del libro.

2

¿Niños por siempre?

*Sobre este tema tenemos mucho que decir aunque es difícil
explicarlo, porque a ustedes lo que les entra por un oído les
sale por el otro. En realidad, a estas alturas ya deberían ser
maestros, y sin embargo necesitan que alguien vuelva a enseñarles las verdades más elementales de la palabra de Dios.
Dicho de otro modo, necesitan leche en vez de alimento sólido. El que sólo se alimenta de leche es inexperto en el mensaje
de justicia; es como un niño de pecho. En cambio, el alimento
sólido es para los adultos, para los que tienen la capacidad de
distinguir entre lo bueno y lo malo, pues han ejercitado su
facultad de percepción espiritual. Por eso, dejando a un lado
las enseñanzas elementales acerca de Cristo, avancemos
hacia la madurez. No volvamos a poner los fundamentos,
tales como el arrepentimiento de las obras que conducen a la
muerte, la fe en Dios, la instrucción sobre bautismos, la imposición de manos, la resurrección de los muertos y el juicio
eterno. Así procederemos, si Dios lo permite*

(HEBREOS 5:11–6:3)

Quedé muy conmovido cuando Dios me hizo ver cuán niños éramos tanto yo como mis diáconos y toda la congregación. Cuando asumí el pastorado de El Centro Evangelístico, los miembros que pudimos tabular al mes de haber tomado la iglesia eran ciento ochenta y cuatro personas. Había sido un grupo mucho más grande, pero el cambio de pastor no fue tan feliz para los que perdieron al fundador. El pastor anterior era un hombre de Dios, de mucha experiencia, y todos lo queríamos mucho. La orden de que deje a un obrero nacional en su lugar vino de la oficina central de Misiones en EE. UU., y ahora esta iglesia debía conformarse con un jovencito argentino, después de haber tenido como pastor a un misionero. Nos pusimos a trabajar muy fuerte y, al cabo de dos años de buena organización y bastante trabajo de extensión, llegamos casi a los seiscientos miembros. Nos habíamos triplicado. Hicimos cruzadas evangelistas. Organizamos un sistema de seguimiento muy estricto, y conté con la ayuda, no tanto de los diáconos, sino de los creyentes más jóvenes y nuevos que me ayudaron al principio. Así me aboqué a la rápida preparación de líderes de entre los nuevos creyentes.

Había asistido a muchas convenciones relacionadas con la evangelización y el crecimiento de la Iglesia de aquellos días, y ponía en práctica todo cuanto sabía. Tuvimos la bendición de contar como Ministro de Educación con una persona que se había graduado en un seminario de los Estados Unidos, por lo que nuestra Escuela Dominical iba viento en popa. La organización juvenil, Embajadores de Cristo, andaba muy bien, y lo mismo se podía decir de los grupos para adolescentes, el programa de Exploradores del Rey para los muchachitos y el de Misioneritas para las niñas. La Confraternidad de Varones y otros departamentos de la congregación funcionaban igualmente bien.

Nuestro sistema para seguir manteniendo contacto con

visitantes y nuevos era uno de los mejores. Contábamos con cartas circulares seriadas para cada grupo: hombres, mujeres, niños, judíos, árabes y cualquier otra cosa que usted se pueda imaginar. Carta número uno, dos, tres, etcétera. No había computadoras en ese tiempo, pero teníamos una tarjeta para cada persona, que nos mostraba exactamente qué ocurría con quien aceptaba a Cristo: si se había bautizado, qué cartas se le había enviado, las visitas personales, las llamadas telefónicas y todo otro dato que pudiera resultarnos importante para mantenerlos. Teníamos un especialista para todo este trabajo y lo llamábamos el líder del Departamento de Conservación de Resultados. La denominación estaba tan impresionada con el adelanto logrado, que en dos convenciones anuales consecutivas de pastores, me invitaron a ser el orador principal para que compartiera nuestro sistema de seguimiento y distribuyera a los pastores los formularios que utilizábamos.

Sin embargo, detrás de todo eso, tenía la convicción que algo estaba mal, que no funcionaba bien. Las cosas parecían que marchaban bien mientras yo trabajara de 14 a 16 horas por día. Pero si aflojaba un poco, todo parecía venirse abajo, y eso me hacía sentir molesto. ¿Dónde estaba Dios en todo lo que yo hacía? Llegó el día en que decidí hacer un alto. Les dije a mis diáconos que necesitaba tomarme dos semanas para dedicarlas a la oración. Me fui a una casa situada en el campo y allí me metí de lleno en la oración y en la meditación. El Espíritu Santo comenzó a quebrantarme. Lo primero que discerní fue como si Dios me dijera: "Juan Carlos, lo que estás dirigiendo no es una iglesia. Es una empresa". No comprendí lo que el Espíritu Santo me estaba diciendo: "Estás promoviendo el evangelio de la misma manera que *Coca Cola* promueve su producto. *Selecciones Reader's Digest* vende libros y discos con ese sistema. Las compañías tabacaleras tienen éxito con ese sistema. Te vales de todos los subterfugios humanos que te enseñaron en seminarios de crecimiento. Pero ¿dónde está mi dedo en todo esto?". No sabía qué contestar. Tuve que reconocer que mi congregación, más que un cuerpo espiritual, estaba organizada como una empresa comercial.

Pero esto no fue todo, el Señor me dijo más: "La Iglesia no está creciendo. Está engordando. Son más en numero, pero no crecen en calidad. Son más de lo mismo. No están madurando, pareciéndose más a mí. Antes tenías doscientos bebés espirituales y ahora tienes seiscientos bebés". ¡Y yo no lo podía negar! Como resultado de eso, percibí como que el Señor me decía que lo que tenía a mi cargo era un orfanato más que una familia espiritual. "Espiritualmente hablando, ninguno tiene un padre. Tú no eres el padre de esa gente, sino que eres el demasiado atareado director del orfanato. Te ocupas de mantener las luces encendidas, pagar las cuentas y mantener los biberones llenos de leche, pero ni tú ni nadie en realidad hace las veces de padre de esos bebes", me dijo. Y por supuesto, una vez más, el Señor estaba en lo cierto.

Sabía lo que estaba mal, pero no sabía como corregirlo. Una revolución había comenzado en mi mente y en mi corazón. La crisis era primero espiritual, luego metodológica. Al regresar a mi casa, comencé a ver cada vez con más agudez y crítica muchos de los defectos de nuestra iglesia y, más que nada, la niñez de los creyentes, aun de los ancianos de la congregación. Luego empecé a ver que esa no era solo una situación mía, sino de todos. Por años no se cambió el himnario, porque no había sed de nada nuevo para cantarle a Dios. El mismo anciano oraba el domingo como oraba hacía años, casi las mismas palabras. Si una persona realmente crece en su relación con el Señor, se notará la diferencia de año en año. No pasaba así en mi iglesia ni en la de mis colegas.

¿Qué pensaría usted si me escuchara hablándole a mi esposa

de la misma manera hoy que como lo hice cuando me dirigí a ella expresándole mi amor la primera vez? Nunca me olvidaré de ese día. Martha asistía a mi flamante iglesia en La Cumbre, Córdoba. Un domingo después de la reunión, le dije:

–Hermana Martha, quisiera conversar con usted unas palabras.

–Muy bien, pastor.

–Hermana Martha, yo… en fin… yo quisiera… Yo quisiera saber si usted ha notado que siento algo diferente por usted de lo que siento por las otras hermanas jóvenes de la congregación… –Ella se puso pálida y me dijo:

–No, no he notado nada.

Así le hablé ese primer día. Ahora hace 46 años que estamos casados y tenemos cuatro hijos y seis nietos. ¿Cree usted que todavía, cuando hablo con mi amada Martha le digo: "Hermana Martha, yo quisiera saber si usted ha notado que yo siento algo diferente por usted de lo que siento por las otras hermanas jóvenes"? No, nuestro diálogo es mucho más profundo de lo que fue en su faz inicial. Ahora con mirarnos, ya sabemos lo que el otro piensa. Lamentablemente, en la iglesia no ocurre lo mismo. Se pronuncian las mismas oraciones siempre y siguen cantándose los mismos himnos de hace años, la misma metodología, los mismos sistemas de Escuela Dominical, reunión de jóvenes, coro, reunión de damas, etcétera. Es la misma calesita. Es un sistema estático, no hay crecimiento espiritual, la gente no se parece cada día más a Jesús, no se crece en estatura, en formación de líderes. Hay gente que asiste hace 30 años y nunca ha guiado a un amigo a Cristo, porque no saben hacerlo y mucho menos discipularlo. Son eternos consumidores y no productores. El crecimiento solo numérico no es suficiente. Los cementerios también crecen en números, tienen cada vez más de lo mismo.

Otra evidencia de falta de crecimiento es la división que existe en la Iglesia. Pablo dijo a los corintios que sus divisiones eran evidencia de niñez espiritual. Se peleaban entre ellos. Tenían preferencias por distintos pastores, pero aun así permanecían en la misma congregación. Nosotros, en cambio, nos separamos, hablamos mal los unos de los otros y nos dividimos en una infinidad de denominaciones y grupos independientes sin ninguna conexión unos con otros. Estamos peor. Si los corintios eran bebés en Cristo por lo que hacían, nosotros somos nonatos. Y lo triste del caso es que, en lugar de mejorar, empeoramos. Cada año surgen más divisiones y grupos autónomos que luego se transforman en pequeñas denominaciones. Nunca antes ha estado tan dividido el Cuerpo de Cristo como últimamente.

Una tercera evidencia de niñez es que siempre estamos más interesados en recibir que en dar, tal como los niños. Siempre estamos esperando que el Señor nos ayude, en lugar de ayudarlo nosotros en su reino, que Él haga esto por nosotros, en vez de hacer nosotros lo que Él nos pide, que nos dé, que nos sane, que nos ayude a pagar las cuentas, a comprarnos una casa, un auto…, nunca dejamos de pedir. La persona madura es la que da. El dar es una evidencia de madurez. Cuando yo era niño pedía, ahora que soy un padre maduro, doy.

Otra señal de niñez es la manera en que los cristianos están más atraídos por los dones del Espíritu que por el fruto del Espíritu. Se le da más importancia al hacer que al ser. Si el pastor invita a su congregación a un evangelista con el ministerio de sanidad física, prosperidad, caerse, reírse, la iglesia se llena de bote a bote. A los niños les encanta todo lo que sea espectacular, pero solamente aquellos que son crecidos se interesan por cultivar el amor, el gozo, la paz, la paciencia, la bondad, amabilidad, la fe, la mansedumbre y el dominio propio.

También demuestra falta de crecimiento el valor que le damos a las cosas. Si un niño tiene que escoger entre una moneda de oro y un chocolate, dará preferencia al dulce. En lo que se refiere al materialismo, nos parecemos muchísimo a ellos. Queremos la mejor casa, un auto de último modelo, una cuenta en el banco con una fuerte suma de dinero. Esto tiene más importancia para nosotros que ganar a otros para Cristo, ayudar al pobre, crecer en el conocimiento de Dios y ser más como Jesús. Damos preferente atención a lo material, lo pasajero, lo que se ve, que a las cosas espirituales (ver 2 Corintios 4:18), porque carecemos de madurez para dar el verdadero valor a cada cosa. Y peor todavía, tratamos de usar a Dios presionándolo en nuestras oraciones para conseguir las cosas materiales que codiciamos. No es suficiente que nos ocupemos en lo material, sino que tratemos todavía de coaccionar a Dios para que nos ayude en ese esfuerzo. Nuestra conducta es la de un niño egoísta.

Otra evidencia de inmadurez es la falta de obediencia en la iglesia. Los niños son desobedientes. Tenemos gente que por espacio de diez o veinte años ha conocido al Señor y no saben aún como presentarle el evangelio a sus amigos, vecinos y compañeros de trabajo o escuela. Tampoco se animan a discipular a un nuevo creyente. Son personas estériles, no pueden engendrar ni criar hijos espirituales. Les parece que han hecho algo muy grande cuando simplemente invitan a alguien a una reunión, cosa que es muy fácil. Todo depende del pastor. El pastor tiene que evangelizarlo, guiarlo a Cristo, bautizarlo y seguir cuidándolo por el resto de su vida. El escritor a los Hebreos dice: *"A estas alturas ya deberían ser maestros..."* (Hebreos 5:12). Cada creyente debe aprender a enseñar lo que aprendió, para que el pastor pueda seguir llevando hacia la madurez a los más adelantados (ver Hebreos 6:1). Precisamente porque el pastor es el que debe ocuparse de los nuevos, no puede ocuparse de hacer crecer a los viejos creyentes. Así todos son niños, esas iglesias nos son una familia, sino un orfanato.

¿Nunca se preguntó porqué Pablo dice que él casi no bautizó a nadie? Escribiendo a los Corintios, una congregación que había fundado, señaló: *"Gracias a Dios que no bauticé a ninguno de ustedes, excepto a Crispo y a Gayo ... también bauticé a la familia de Estéfanas; fuera de éstos, no recuerdo haber bautizado a ningún otro"* (1 Corintios 1:14-16). ¿Cómo, entonces, leemos que *"Crispo, el jefe de la sinagoga, creyó en el Señor con toda su familia. **También creyeron y fueron bautizados muchos de los corintios que oyeron a Pablo**"* (Hechos 18:8)? A Crispo lo bautizó Pablo, pero a los *"muchos de los Corintios"*, ¿quién los bautizaba? Seguramente, los discípulos de Pablo traían la gente al Señor, los bautizaban y luego los discipulaban. Evidentemente, a Crispo, a Gayo y a algunos otros discípulos, Pablo los había evangelizado y bautizado, pero luego para poder multiplicarse más rápido, cada discípulo, que también era sacerdote (ver 1 Pedro 2:9) y ministro de reconciliación (ver 2 Corintios 5:18-19), bautizaba y discipulaba. En la carta, Pablo afirma el sacerdocio de todos los creyentes, todos los nacidos de nuevo son ministros de reconciliación, embajadores de Cristo y voceros de Dios para reconciliar al mundo con Él (ver 2 Corintios 5:17-20). Por lo tanto, debemos reconciliar a las personas con Dios, bautizarlas y luego discipularlas, dejando libres a los ministros de más experiencia y sabiduría para que se ocupen de guiarlas a aguas más profundas de crecimiento espiritual.

Como los domingos generalmente vienen a las reuniones visitas o creyentes nuevos, los pastores nos tentamos a predicar el A B C de la salvación o de la vida cristiana, *"las verdades más elementales de la palabra de Dios"* (Hebreos 5:12), pero los creyentes de más tiempo no son llevados *"hacia la madurez"* (Hebreos 6:1). Muchas iglesias tienen hoy clases para los que se convierten. Pero ¿quién se ocupa de ellos a partir de ese momento? Cada niño que nace necesita atención personal de los padres. No se puede discipularlos desde el púlpito los domingos. Jesús no discipulaba a los apóstoles en sus discursos a las multitudes, sino que los llevaba aparte en un grupo pequeño donde les daba deberes definidos que tenían que hacer y reportar a su maestro. Luego Él los corregía si hacían algo mal y les daba nuevas instrucciones, cosas para hacer, deberes que les llevaba a veces muchos días para cumplir, como ir a las villas y anunciarle el reino a la gente en sus casas. Jesús era como un padre, maestro y director del seminario. En la iglesia, no hay padres, ni maestros ni seminario. Son todos niños que están siempre con la leche, o sea, escuchando, cantando y orando siempre las mismas cosas. Y los pastores somos los directores de ese gran orfanato. No es de extrañarse, entonces, que tantos nuevos creyentes se nos escurran de entre los dedos. No debe sorprendernos que los miles de "convertidos" de nuestras grandes cruzadas no permanezcan. Para decirlo con toda franqueza, muchos de los nuevos creyentes no siguen fieles, porque se aburren de una iglesia donde siempre pasa lo mismo. Todos los domingos, la misma rutina. Por eso, a Satanás le resulta muy fácil mantenerlos en tinieblas (ver Lucas 8:12).

¿De quién es la culpa? Vez tras vez, se les reitera a los creyentes que tienen que crecer, pero ¿cómo pueden hacerlo si solo se los alimenta con leche o con *"las verdades elementales de la palabra de Dios"*? La leche es buena por un tiempo, pero el bebé necesita pasar a la comida sólida. Sin embargo, tampoco se puede culpar enteramente a los pastores porque hacemos lo que nos han enseñado en los seminarios. Entonces, ¿quién tiene la culpa? Creo que somos todos víctimas de una estructura de iglesia y enseñanza que mantiene a todos en el nivel de niños por el resto de sus vidas, estructuras que nadie se anima a cambiar. Ellas solo sirven para informar a la gente, pero no para formar vidas. Las estructuras tradicionales de oír sermones y estudios bíblicos que apelan al intelecto están tan arraigadas en nosotros que se requeriría quizás una gran persecución para hacer los cambios necesarios con el fin de formar discípulos de Jesucristo. Toda persona que tiene el Espíritu de Cristo tiene el potencial de ser sacerdote, ministro de reconciliación. Nosotros, los pastores, tenemos la responsabilidad de equipar a esos sacerdotes para que aprendan a funcionar como tales. Si no detenemos nuestro ritmo de actividades para preguntarle a Dios, y a nosotros mismos, si estamos haciendo bien, si estamos realmente obedeciendo el mandamiento del Señor de hacer discípulos, ¡entonces sí somos culpables!

Me resultó sobremanera difícil hacer un alto. Mi teléfono sonaba de la mañana a la noche. De continuo tenía que mantener aceitada la maquinaria que yo mismo había puesto en marcha en la iglesia, porque de lo contrario se detenía. Además estábamos creciendo. Era como una empresa que dependía totalmente de mi esfuerzo. Había llegado al borde del agotamiento para tener una iglesia grande y mantener a la gente. Estaba como Moisés cuando su suegro Jetro vino a visitarlo (ver Éxodo 18:13-26). Gracias a Dios que llegó el día en que el Señor me hizo detener mis actividades para escucharlo a Él y meditar mejor en las Escrituras. El detenerme fue intencional. Yo decidí separar dos semanas para orar. Pero luego entendí que fue Él el que me detuvo; Él me dio ese deseo (Filipenses 2:13), porque luego descubrí que había otros pastores en la ciudad, en la nación y en el mundo que tenían las mismas preocupaciones e inquietudes, y estaban haciendo algo parecido. Lo que pasó en la Argentina comenzó a pasar en todo el mundo. Cuando la primera edición de este libro *Discípulo* apareció en 1974, muchos pensaron que era una herejía. Ahora todos están practicando lo que dice, y ya perdí la cuenta de cuántas ediciones se han publicado. Dios se estaba manifestando en todo el mundo en lo que era el comienzo del movimiento carismático. Pero en la Argentina, junto con ese movimiento, vinieron muchas otras inquietudes en cuanto a las estructuras de la Iglesia. Muchos entendimos que habíamos estado errados en cuanto a la relevancia del Espíritu Santo. ¿Quién nos aseguraba que no estábamos errados en muchas otras cosas también? Un pastor de una de las congregaciones más grandes en mi país dijo: "Si mi denominación nos mintió en una cosa, ¿quién asegura que no nos mintió en otras? ¡Revisemos todo de nuevo! ¡Escritura y estructura de la Iglesia!". Era necesaria una revisión total. Esas dos semanas de oración y ayuno a solas provocó una revolución en nuestra vida y en la congregación, y tuvo repercusiones nacionales e internacionales al comenzar una renovación. Fue allí que empezó el discipulado en grupos pequeños o células, la unidad del Cuerpo, la práctica del sacerdocio de todos los creyentes que ya creíamos en teoría, el entrenamiento de los que antes llamábamos laicos para hacer parte de un ministerio, la enseñanza de materias de seminario, etcétera.

Fui uno de los más revolucionarios. Para dedicarme a equipar a los creyentes, antes de comenzar las células, decidí enseñarles y llevarles comida más sólida los domingos desde el púlpito. Pero ¿qué hacíamos con los nuevos? Decidimos que nuevos y viejos estaríamos juntos durante la alabanza, que también fue modificada. Fuimos los primeros en nuestra denominación en cambiar nuestro himnario por uno más centrado en Dios y en una teología más profunda, que precisamente se llamaba "Cántico nuevo". También, la nueva vida renovada fue inspirando a pastores y a discípulos para crear canciones nuevas, refranes centrados en Dios, generalmente doxologías que revolucionaron la adoración y la alabanza hasta el día de hoy.

Fuimos motivo de burla cuando levantábamos las manos o palmeábamos en las canciones de adoración y cuando danzábamos en las canciones de alabanza. Ahora en todo mundo se hace. Todo ocurrió porque hicimos un alto para decir: "Señor, estamos mal, ¿qué es lo que tú quieres que hagamos?". A mí, un pentecostal, Dios me guió a los monjes trapenses para hacer un retiro personal con mi asistente y esperar en silencio la respuesta de Dios a mis preguntas. Allí Él nos reveló que estábamos peor de lo que pensábamos. En ese ayuno de diecisiete días, de repente, mi asistente oró así: "Señor, tu Iglesia necesita una nueva pintada. No, no, Señor, primero debes cambiarnos todo el revoque antes de pintar, ¡¿qué digo?! No, señor, ¡debes tirar abajo las paredes y construirlas de nuevo! No, Señor, perdón, debes escarbar y sacar los cimientos, ¡y hacer todo un edificio nuevo!". Así estaban nuestras almas de cargadas. Eso nos llevó a prolongados ayunos y días de oración. En ese monasterio, había tiempo para meditar y contemplar. Los monjes trapenses se arrodillan, se tiran al suelo y están en meditación silenciosa ocho horas por día, y las otras dieciséis horas no hablan porque han hecho voto de silencio. ¡Imagínese, yo, un pentecostal, haciendo dos semanas de silencio, sin pronunciar una palabra! Parecía una locura, pero fue allí que Dios, al ver que le dimos una oportunidad para hablar, haciendo silencio, nos habló; y como resultado comenzó una gran renovación que cambió el ambiente religioso para siempre. Nos habló aun de destemplización y de comenzar iglesias sin dinero y sin edificio. Es una pena que no nos animamos a eso, solo uno de nosotros, Néstor Soto, de Santiago, Chile hizo el experimento con éxito. Pero hoy, después de casi cuarenta años, muchísimos estadistas cristianos están escribiendo libros sobre la Iglesia posmoderna, donde afirman que la Iglesia del futuro es en las casas y en los lugares de trabajo con pastores no a sueldo.

¡Por fin le habíamos dado a Dios nuestra atención con nuestro silencio, dándole la oportunidad para hablarnos! Esas dos semanas de oración fueron el comienzo de una revisión total de todos los programas de la congregación: enseñanza, metodología, espiritualidad, perfeccionamiento de los creyentes, ayuda a los necesitados, niños, jóvenes, Jesucristo, servicio, en fin, todo. Volvimos de ese retiro, mi asistente Antonio y yo, con menos kilos, pero llenos de gozo y del Espíritu Santo. Bendiciendo también a nuestros hermanos, los monjes trapenses, por habernos bendecido. En esa primera visita al monasterio, ellos también fueron bautizados en el Espíritu Santo, dando eso un ímpetu inmenso al movimiento católico carismático. Nos enriquecimos mutuamente. ¡Ellos compartieron el silencio a los pentecostales, y nosotros les enseñamos a gritar en otras lenguas y a cantar en el espíritu a los monjes del silencio!

Parece increíble la cantidad de planes que los pastores iniciamos y cuán pocos acabamos. En muchas visitas que hice a distintas congregaciones, más de una vez el pastor me dijo: "El mes que viene comenzamos con un nuevo programa. Ya tenemos todo preparado y listo para empezar a marchar". Pero al otro año, cuando me volvía a encontrar con el pastor, al preguntarle cómo le había ido con aquel programa, me contestaba: "Oh, no nos fue posible cumplirlo, pero la semana que viene, ya tenemos todo listo para empezar con algo nuevo, distinto...". ¿Por qué nuestros proyectos fracasan una y otra vez? Porque tratamos de llevarlos a cabo valiéndonos de creyentes inmaduros, bebés espirituales. Tanto usted como yo sabemos que no se puede contar con los niños. Hacen muchísimas promesas: "Sí, lo voy a hacer; me voy a portar bien; *prometo* que haré lo que me pides", pero todas ellas no son más que palabras. ¿Cómo va a lograr usted que un niño tenga hijos? No los tendrá aunque haga fuerza, le imponga las manos y le ore con ayuno. Pero si crece naturalmente, tendrá hijos sin imponerle las manos, sin orar ni ayunar. Fue necesario que el Señor me hiciera ver que la incapacidad para crecer de los miembros de mi iglesia se debía a que mi enseñanza era solo leche, lo que el escritor de la epístola de los Hebreos llama *"verdades más elementales de la palabra de Dios"* (Hebreos 5:12) y *"enseñanzas elementales acerca de Cristo"* (Hebreos 6:1). Pablo las describe como:

- Arrepentimiento y Fe, para salvación;
- Bautismos, para unirse en el Cuerpo de Cristo, o familia o pueblo de Dios;
- Imposición de manos, para ser lleno del Espíritu Santo;
- La resurrección de los muertos o venida de Cristo;
- El juicio eterno, o sea, estar listos para ese día.

¡Eso era todo lo que había estado predicando por espacio de veinte años! No habíamos *"avanzado hacia la madurez"* espiritual. Aunque éramos creyentes, todavía éramos niños carnales. Por eso, no crecíamos en calidad. El crecimiento numérico, mejorando nuestro programa de servicios, de música, de atención, de seguimiento no era completado con el crecimiento en calidad de vida, transformando estos niños en adultos en la semejanza de Jesucristo. Los cementerios también crecen en número, son más de lo mismo. En la iglesia, creíamos que habíamos crecido porque antes teníamos 200 miembros sin amor y ahora teníamos 400 sin amor. Teníamos 200 bebés y ahora contábamos 400. Por años teníamos después de cada servicio las filas largas de bebés para que les oremos por sanidad, por el esposo, la tía, los hijos, el perro, la suegra, siempre los mismos pidiendo lo mismo. No habían aprendido a poner sus cargas sobre Jesús, poner primero el reino, concentrarse en Dios y en sus planes, buscar al perdido, extender su reino, discipular a sus vecinos y creer que Él daría lo demás por añadidura.

Al revisar el material de la Escuela Dominical, comprobé que también era solamente los rudimentos. Hice un repaso mental de lo aprendido en la Escuela Bíblica, y constaté que era lo mismo. Observé que el índice de cualquier libro de teología tiene un capítulo acerca de las Sagradas Escrituras, el otro trata de Dios, otro respecto al hombre. Un cuarto acerca de la Salvación; luego viene un capítulo que trata sobre el Espíritu Santo. Y por supuesto, no falta un capítulo que se refiere a la Segunda Venida y las últimas cosas. Eso es todo. No hay nada que trate temas que van más allá de los "rudimentos de la doctrina de Cristo" y que nos enseñe cómo funcionar como sacerdotes y ministros de reconciliación en este mundo que se pierde.

Yo pertenecía a una denominación que estaba a la vanguardia de las demás, porque teníamos el *Evangelio Completo* o *pleno,* también llamado cuadrangular, porque anunciábamos cuatro doctrinas básicas: la Salvación, el Bautismo en el Espíritu Santo, la Sanidad divina y la Segunda Venida de Cristo. Y a esto lo llamábamos ¡el pleno evangelio! ¿Cómo podíamos considerar estas cuatro cosas como el pleno evangelio cuando el escritor dice a los hebreos que esto son apenas los primeros rudimentos? ¿Cómo no nos dimos cuenta de que nuestro deber no era solo cantar "Lluvias pedimos, Señor" y "Cuando allá se pase lista allí estaré"? ¿Cómo no nos dimos cuenta de que debíamos perfeccionar a los creyentes hasta que Cristo se forme en ellos, que se amen unos a otros, que perdonen a los que los ofenden, que amen a sus enemigos, que vivan en gozo, paz, paciencia, amabilidad, bondad, fe, que tengan dominio propio, tal como Jesús, que engendren otros creyentes y que los discipulen, oficiando así como sacerdotes, reconciliadores y embajadores de Cristo? Experimenté una gran humillación al comprobar que el arrepentimiento, la fe, el bautismo en el agua, el bautismo en el Espíritu, la sanidad divina y el estar listo para la Segunda Venida de Cristo era algo que en la Iglesia primitiva **se lograba en un día**, generalmente el *primer día* en que la persona era salva. La gente se arrepentía, se bautizaba, les imponían las manos, se sanaban, eran llenos del Espíritu Santo y estaban listos para la venida del Señor, ¡todo esto pasaba el primer día! Lo que nosotros llamábamos Evangelio Completo o cuadrangular, era simplemente el punto de partida, ni siquiera la leche, sino el calostro desde el cual los nuevos convertidos comenzaban a *avanzar* hacia la madurez. Casi no sabía lo que era la leche y mucho menos la comida sólida ¡Qué desilusión con mi evangelio! Debo confesar con mucha humildad que, al decir que yo tenía un "Evangelio Completo", estaba infiriendo que los que no eran pentecostales predicaban un evangelio incompleto. Luego, al conocer más a los otros hermanos, me di cuenta de que nosotros teníamos un evangelio ruidoso, y los otros, uno silencioso, esa era la única diferencia.

En esos días, un pastor de una Iglesia Histórica que había tenido una experiencia carismática me dijo:

–Pastor Ortiz, ahora estoy nadando en aguas profundas. Me encuentro en una nueva dimensión del evangelio. Algo que nunca creí que fuera posible.

–¿Qué le ha ocurrido, hermano? –le pregunté.

–Hermano, ¡hablo en lenguas! –me respondió alborozado.

–Eso no es nada –le contesté–. En la Iglesia primitiva, la gente hablaba en lenguas el mismo día de su conversión. Usted cree que está nadando en aguas profundas, pero igual que la mayoría de nosotros, aún estamos caminando en la playa con el agua hasta los tobillos. Lo más importante es llegar a ser como Cristo.

Justo en esos días de tremenda inquietud, un joven universitario que se había convertido hacía poco más de un año y estaba tan sediento que no faltaba a ninguna reunión, me dijo:

–Hermano Juan Carlos, me estuve examinando y llegué a la conclusión de que, cuando llegué a la iglesia, vine con tanta sed espiritual, que no me perdí ninguna reunión, aprendí y aprendí durante los primeros seis meses. Aprendí muchísimo, pero ahora me parece como que ya sé lo que saben todos, y que los temas son repetición de lo mismo. Me siento como si me hubiera estancado, me siento como que me estoy manteniendo, pero no crezco más como los primeros seis meses.

Esto me cayó como otro balde de agua fría, me di cuenta de que ¡era verdad! Yo les repetía las doctrinas de nuestra denominación, los rudimentos. Precisamente, me habían enseñado en el seminario que cada año debíamos predicar un sermón sobre cada doctrina importante de nuestra denominación. No sabía la diferencia entre leche y comida sólida. Entonces comencé a interesarme al descubrir que Pablo se quejaba de que tenía que seguir dando leche cuando los creyentes necesitaban comida sólida. Comencé a preguntarme qué era eso y noté que le decía a los corintios que no podía darles comida sólida por cuanto todavía eran bebés que solo aguantaban leche (1 Corintios 3:2). Me sentí angustiado, así estábamos yo, la iglesia y mi entera denominación. ¡Yo era profesor del Instituto Bíblico! y no sabía lo que era comida sólida, lo que Pablo no podía dar, porque sus interlocutores eran bebés. Me preguntaba si nosotros tampoco estábamos capacitados para recibir comida sólida ¿Sería que ese alimento no era para nosotros? Y al fin y al cabo, ¿qué era comida sólida? La iglesia de Corinto no estaba aún lista para recibir comida sólida y tenía el "evangelio completo": hablaban en lenguas, profetizaban y tenían los dones espirituales, pero a la vez sufría de divisiones, peleas, inmoralidad, disputas entre los hermanos, problemas matrimoniales, insubordinación, abusos en la cena del Señor, tal como nosotros. Eran niños. "Para ustedes, nada más que leche", les dijo Pablo. Tampoco los hebreos sabían lo que era la comida sólida, y el apóstol no les podía hablar como a espirituales (Hebreos 5:11-14). De manera que, en esas epístolas, no había comida sólida. Si esta no está en La Biblia porque los interlocutores de Pablo no la podían digerir, ¿cómo vamos a saber qué es comida sólida? Así comencé a buscar en las Escrituras todo lo concerniente a ella.

En el capítulo dos de la primera epístola a los corintios, tuve un pequeño vislumbre de lo que es comida sólida. Lo descubrí en el siguiente pasaje al notar, por primera vez, el significado del cambio de pronombres: vosotros y nosotros. Los corintios eran el *vosotros*, y Pablo y sus compañeros eran el *nosotros*. Veamos:

Así que, hermanos, cuando fui a vosotros (corintios carnales) *para anunciaros el testimonio de Dios, no fui con excelencia de palabras o de sabiduría. Pues me propuse no saber entre vosotros* (corintios) *cosa alguna sino a Jesucristo, y a éste crucificado. Y estuve entre vosotros* (corintios) *con debilidad, y mucho temor y temblor; y ni mi palabra ni mi predicación fueron con palabras persuasivas de humana sabiduría, sino con demostración del Espíritu y de poder, para que vuestra* (de los corintos) *fe no esté fundada en la sabiduría de los hombres, sino en el poder de Dios.*

Sin embargo, (nosotros, Pablo y su equipo, los espirituales) *hablamos sabiduría entre los que han alcanzado madurez; y sabiduría, no de este siglo, ni de los príncipes de este siglo, que perecen.* Mas **(nosotros, Pablo y su equipo)** *hablamos sabiduría de Dios en misterio, la sabiduría oculta, la cual Dios predestinó antes de los siglos para* **nuestra** *gloria, la que ninguno de los príncipes de este siglo conoció; porque si la hubieran conocido, nunca habrían crucificado al Señor de la gloria. Antes bien, como está escrito: Cosas que ojo no vio, ni oído oyó, ni han subido al corazón de hombre, son las que Dios ha preparado para los que le aman. Pero Dios nos las reveló a* **nosotros** *por el Espíritu; porque el Espíritu todo lo escudriña, aun lo profundo de Dios. Porque ¿quién de los hombres sabe las cosas del hombre, sino el espíritu del hombre que está en él? Así tampoco nadie conoció las cosas de Dios, sino el Espíritu de Dios. Y* **nosotros** *no hemos recibido el espíritu del mundo, sino el Espíritu que proviene de Dios, para que* **sepamos (nosotros)** *lo que Dios* **nos** *ha concedido, lo cual también* **(nosotros)** *hablamos, no con palabras enseñadas por sabiduría humana, sino con las que enseña el Espíritu, acomodando lo espiritual a lo espiritual. Pero el hombre natural no percibe las cosas que son del Espíritu de Dios, porque para él son locura, y no las puede entender, porque se han de discernir espiritualmente. En cambio, el espiritual* **(nosotros)** *juzga todas las cosas; pero él no es juzgado de nadie. Porque ¿quién conoció la mente del Señor? ¿Quién la instruirá? Mas* **nosotros** *tenemos la mente de Cristo.*

De manera que yo, hermanos, no pude **hablaros (a vosotros, los corintios carnales)** *como a espirituales, sino como a carnales, como a niños en Cristo. Os di a beber leche* **(a vosotros)**, *y no comida sólida porque aún* **(vosotros)** *no* **erais** *capaces, ni* **sois** *capaces todavía...”*

(1 Corintios 2:1–3:2 RVR)

El discípulo

La clave para comenzar a comprender este pasaje está en los pronombres **vosotros** y **nosotros**. Aquí hay dos grupos de personas. Un grupo son los corintios, a quienes el escritor llama "niños carnales". El otro grupo está formado por Pablo y sus compañeros, que son los creyentes maduros y espirituales "que han alcanzado madurez". Cuando el apóstol usa el pronombre **vosotros** se refiere a los corintios niños, cuando dice **nosotros** se refiere a su grupo de personas espirituales y maduras. Note que en 1 Corintios 2:1-5, se refiera a los corintios que todavía son niños. Desde 2:6-16 se refiere a su grupo de personas maduras y espirituales. Luego vuelve a los niños en 3:1 en adelante, y los llama niños carnales que todavía no pueden salir de la leche y que andan como hombres naturales en vez de espirituales.

La niñez espiritual es la tragedia más grande de la Iglesia. Los niños ocupan la mayor parte del tiempo de los pastores. Ellos deben descuidar a los que tienen sed de crecer y que son líderes en potencia para atender a los niños que nos dan tanto trabajo, porque se ofenden, se enojan, caen en pecado, comienzas chismes y nos hacen descuidar a los más crecidos. Como los sermones y enseñanzas van generalmente dirigidos a los niños, los más crecidos se aburren y no crecen, algunos terminan yéndose porque la iglesia parece ya no tener nada para ellos. Muchos de estos maravillosos creyentes han formado lo que llamamos grupos *para eclesiásticos*, grupos paralelos como JUCUM, Juventud Para Cristo, Cruzada Estudiantil para Cristo, Vida Joven, Hombres de Negocio, Ministerio a las Cárceles, Profesionales Para Cristo, Especialidades Juveniles, Hombres de promesa, Lapen, etcétera. Estas agrupaciones están formadas por creyentes deseosos de servir al Señor en algo más significativo y que abarque más que cantar en el coro, recoger la ofrenda, ser ujier, diácono o anciano de una congregación. Estas son personas con capacidades y visión. La estructura miope del jardín de infantes de la iglesia, creada para mantener niños, ya no les alcanza, no los motiva ni anima, por el contrario, muchos pastores han luchado para que esos miembros no se vayan a JUCUM o a otros ministerios, para que sigan contando la ofrenda en sus reuniones o cantando en el coro. Si la Iglesia funcionara como debiera, todas esas instituciones que llamamos *para iglesias* no existirían. La Iglesia debería liberar a sus miembros y más aún, entrenarlos para los muchos ministerios que los grupos *para eclesiásticos* están supliendo. Alguien ha dicho que hay organizaciones *para eclesiásticos* que hacen más el trabajo de la Iglesia que la Iglesia misma, es decir, la evangelización y discipulado. Y que, en muchos casos, parece ser un ministerio más. ¿No debería la Iglesia evangelizar y discipular todos los niveles de la sociedad? Estos movimientos han nacido de una necesidad. La Iglesia no se ocupó de sus jóvenes, ni de las escuelas, ni de los presos, ni de discipular, ni de los hombres de negocio, ni de los profesionales, ni de las mujeres, ni de los estudiantes, ni de los políticos. Es un desperdicio poner como ujier, o a contar la ofrenda o a cantar en el coro a un profesional o empresario exitoso. Sí, pueden cantar los domingos, pero sus dones, talentos y capacidades son más aprovechados equipándolos para evangelizar a sus colegas y empleados. Estos necesitan comida sólida para conocer más a Dios y descubrir su ministerio donde Él los ha ubicado en la sociedad. No todos los miembros de la Iglesia son profesionales o empresarios, pero una mucama puede llevar a Cristo a sus patrones, con su comportamiento y sus palabras. Un ama de casa puede llevar a Cristo a sus sirvientes. Un alumno ejemplar puede llevar a Cristo a su maestro y a sus compañeros. Un dueño de una fábrica puede transformarse en el pastor de sus obreros. Un empleado responsable puede llevar a Cristo a su patrón, etc., pero para eso hay que entrenarlos y comisionarlos a esos ministerios en vez de usarlos solamente para la rutina de

El discípulo

los cultos. Para mantener en la Iglesia a gente inteligente y
deseosa de ampliar sus conocimientos, tenemos que llevarlos a
la comida sólida y diversificar los ministerios donde cada uno
pueda usar sus talentos y dones.

3

¿Qué es la comida sólida?

Jesús dijo a sus discípulos: *"Muchas cosas me quedan aún por decirles, que por ahora no podrían soportar. Pero cuando venga el Espíritu de la verdad, él los guiará a toda la verdad, porque no hablará por su propia cuenta sino que dirá solo lo que oiga y les anunciará las cosas por venir"* (Juan 16:12-13). Pablo fue el que recibió más revelación, lo que Cristo no pudo decirles a ellos. Fue llevado al tercer cielo y allí recibió un lavado de cerebro de su religión judaica: vio y oyó cosas que ojo no había visto ni oído había oído, ni siquiera alguien podía haberlo imaginado. Tanto que algunas cosas *"a los humanos no se nos permite expresar"* (2 Corintios 12:4). Y Pedro mismo confiesa que entre las cosas que dice Pablo, *"con la sabiduría que Dios le dio (...) hay algunos puntos difíciles de entender"* (2 Pedro 3:15-16). Lo que Pablo recibió era comida sólida para los judíos y la gente de esa época, porque era algo *desconocido*: la gracia de Dios. Todo lo que se conocía era la ley del Talión, ojo por ojo y diente por diente. Todos los sistemas religiosos estaban basados en ese principio, desde el código de Hamurabi, la Ley de Moisés y los preceptos de todas las religiones. La gracia era un misterio totalmente ignorado, ni siquiera los doce discípulos conocían el misterio del Evangelio de la Gracia de Dios (ver Efesios 6:19, Gálatas 1:11-12). ¡Cómo le costó a Pedro ir a la casa de Cornelio! (Hechos 10:28), ¡cómo le costó bautizar a los gentiles! (Hechos 10:47-48), ¡cómo le costó estar entre lo gentiles en Antioquía! (Gálatas 3:11-21). Fue Pablo el que recibió la comida sólida directamente de Jesús. Ahora esa comida o sabiduría del apóstol es ciencia, porque está claramente revelada en las Escrituras, es algo conocido, sabido.

Pablo describe la comida sólida, o vianda o carne como *"sabiduría no de este siglo, ni de los príncipes de este siglo (...) Sabiduría de Dios en misterio, la sabiduría oculta (...) la que ninguno de los príncipes de este siglo conoció (...) cosa que ojo no vio, ni oído oyó, ni han subido en corazón de hombre"*.

Las palabras claves de lo que es comida sólida son:

- *"No de este siglo, ni de los príncipes de este siglo"* (sacerdotes, teólogos, levitas)
- *"Sabiduría de Dios en misterio"*
- *"Sabiduría oculta"*
- *"Cosa que ojo no vio ni oído oyó"*
- *"ni ha subido en corazón del hombre"*

Cuando algo es misterioso y oculto, que nadie nunca vio ni oyó, ni siquiera se lo ha imaginado, solo se lo puede recibir por revelación de Dios. Comida sólida es algo que no está escrito ni revelado. Si está revelado, ya no es sabiduría, sino ciencia o conocimiento.

¿Cuál es la diferencia entre 'leche' y 'comida sólida'? La leche es CIENCIA o conocimiento, algo sabido, ya revelado, constatado, lo que ya no es misterio, es claro, lo que está escrito, lo comprobado, lo que sabemos. Uno puede aprender ciencia en la universidad, pero la sabiduría no se recibe allí. Todo el mundo puede llegar a tener conocimiento a través de la lectura, la investigación y el estudio. La ciencia está a disposición de todos.

SABIDURÍA, en cambio, no la tienen todos. La sabiduría es algo que escasea, es entrar en lo desconocido. Para entrar en lo desconocido hay que ser sabio. Los sabios son los que traen a la luz lo hasta ahora desconocido y lo hacen conocido. Ellos hacen la ciencia. Alberto Einstein era un sabio. Él nos reveló cosas que no se sabían y que revolucionaron la ciencia. La sabiduría no se estudia, es una percepción quizá sobrenatural. El sabio no se hace por estudiar, aunque son estudiosos, sino que le encanta el estudio porque es sabio. Se nace sabio, desde niño uno se da cuenta de que sobresale de los demás. La ciencia puede darle algunas bases a un sabio, pero muchas veces el sabio descubrió que la ciencia estaba equivocada. El sabio siempre va mas allá de lo que se conoce. Descubre, crea, entra en lo escondido y misterioso, en lo que el ojo nunca ha visto ni el oído ha oído. Espiritualmente, la comida sólida es Dios mismo. Es conocerlo más a Él y sus planes. La Biblia no tiene todo lo concerniente al Padre. Ella es un ejemplo de lo que los hombres espiritualmente sabios consiguieron saber acerca del Señor. Pero hay mucho más. Un libro no puede contener al creador del gran universo, al eterno e infinito, al que pertenece a una dimensión desconocida, al que contiene toda la creación. Él es omnipresente, sabe lo que cada mente piensa y puso la información sobre nuestra personalidad en cada célula. Creó nuestro genoma, el ADN de cada persona, todo el orden de nuestros genes, aquello que nos hace diferentes a todos los demás. Por eso, nos conoce íntimamente a todos, porque Él nos formó en el vientre de nuestra madre y, antes que nos concibieran, ya nos conocía porque puso el informe de cómo seríamos en las células. Nunca terminaremos de conocer a Dios. ¡Por eso es necesaria la vida eterna! *"Esta es la vida eterna: que te conozcan..."* (Juan 17:3).

Podemos decir que todo lo que las Sagradas Escrituras dicen de Dios es ahora leche, ciencia. Podemos estudiarlas, enseñarlas y desarrollar con su contenido una teología sistemática sobre Dios, el hombre, la Iglesia, etcétera. Sin embargo, todo lo que dice la inmensa Biblia es una micronésima parte comparado con todo lo que la divinidad realmente es, lo que los seres angelicales son, el cosmos, el universo, las miríadas de razas en las millones de galaxias. Al nacer de nuevo por el Espíritu de Dios, se nos otorga la capacidad, ya en esta tierra, de dejar de ser seres solamente carnales y físicos, y comenzar a ser seres espirituales, es decir, con la posibilidad de conocer a Dios y su inmenso reino espiritual, eterno, infinito e invisible. Aunque no vemos ni a Él ni a los ángeles, sabemos que existen y, por la fe, podemos desde ya comenzar a tener relación con ellos. Es muy curioso que cuando uno recibe el Espíritu Santo, que nos transforma en espirituales, con ello viene el don de lenguas angelicales. Éstas, generalmente, funcionan cuando estamos en intensa oración o comunión con el reino invisible. Es el Espíritu Santo a través nuestro comunicándose con palabras con los seres angelicales. Cuando en meditación, sea a través de la mente, sea a través de intuiciones, u ocurrencias o ideas que recibimos en esa conexión espiritual con Dios, tenemos "revelaciones", es decir, cosas que no sabíamos antes, estamos recibiendo comida sólida o sabiduría oculta, porque solo el Señor puede revelar los misterios. Esta sabiduría espiritual produce revelación de lo hasta ese momento misterioso.

Eso es lo que le pasó a Pablo (2 Corintios 12:1-4), quien dijo cosas extraordinarias. Es imposible que un creyente criado a los pies de Gamaliel, el gran maestro de la ley, tan fanático con la ley de Moisés que perseguía y mataba a los creyentes, luego escribiera lo que él escribió acerca de ella. La suplantó con la gran revelación de la gracia. Los escritos de Pablo en sí, y la autoridad con que lo dijo y escribió, tienen intrínsicamente la prueba de revelación divina. A un judío religioso, nunca podría habérsele ocurrido algo semejante: la gracia. Su cerebro tiene que haber sido lavado por Dios y luego llenado con ella. A veces yo me pregunto cuáles eran las cosas que no pudo decir, que no le fue permitido expresar en aquel tiempo tan cerca de la época de la ley hebrea. El apóstol dice cosas más profundas a los colosenses y a los efesios, pero aún había cosas que no las podía decir en ese momento y otras que "a los humanos no se nos permite expresar". Dios se las reserva para revelarlas Él mismo directamente a los que inquieren en su templo. Es muy lógico que un libro no pueda contener a Dios. Juan dice que si se escribiera todo lo que Jesús hizo y dijo en solo sus tres años de ministerio, el mundo no alcanzaría para poner los libros. Estoy convencido de que nuestro Padre Dios, nuestro Señor Jesucristo y nuestro Consolador el Espíritu Santo, son mucho, pero mucho más profundos que lo que nos revelan las Escrituras. Creo que nadie puede terminar un libro de teología... siempre sigue abierto. Por eso, necesitaremos una eternidad para seguir conociendo, y aún así no lo lograremos, porque hay que ser Dios mismo para conocerlo a Él. Jesús dijo: "Esta es la vida eterna: que te conozcan a ti, el único Dios verdadero, y a Jesucristo..." (Juan 17:3-4). Hace falta una eternidad para conocer y seguir conociendo a la divinidad y aprender de Él.

La comida sólida no es para todos los creyentes al mismo tiempo, la vida cristiana es como una escuela que comienza con primer grado y se sigue ascendiendo. A medida que crecemos en el conocimiento de Dios y de su Hijo, iremos avanzando y recibiendo más revelación de Él. Pablo llegó a saber mucho más de Dios, de Jesucristo y del Espíritu Santo, que lo que dijo personalmente a sus discípulos y que lo que escribió. Solo los creyentes bien crecidos, maduros, que han tomado bien la leche espiritual, es decir que conocen muy bien lo que ya está revelado, las Escrituras, pero que a la vez, separan mucho tiempo para estar con Dios en meditación silenciosa, contemplación y visualización por la fe de lo invisible, pueden recibir platillos de comida sólida o revelación. Es conveniente que estos creyentes crecidos estén en unidad y conectados para comparar sus revelaciones con la Palabra y entre ellos, para garantizar que no haya excesos ni herejías.

Resumiendo: leche es lo que sabemos, comida sólida lo que no sabemos. La leche es lo revelado y está disponible en las Sagradas Escrituras, la comida sólida debemos buscarla en Dios mismo. Jesús dijo: *"Yo soy el pan vivo que bajó del cielo ... mi carne es verdadera comida y mi sangre es verdadera bebida. El que come mi carne y bebe mi sangre, permanece en mí y yo en él"* (Juan 6:51, 55-56). La leche se bebe estudiando lo revelado, la comida sólida es comerlo a Dios mismo. Él continúa manifestándose a los que tienen hambre de Él mismo. La leche es lo que tengo, la comida sólida es lo que mi ser anhela después de esa leche. La leche es la doctrina de Jesús y los apóstoles, el sermón del monte, los mandamientos a los esposos, las esposas, los hijos, los ciudadanos, los ricos, los pobres, los señores, los esclavos (ver Tito 2 y 3). La comida sólida es lo que Dios nos revela, es una sabiduría oculta, es revelar algo misterioso, cosa que ojo no vio ni oído oyó. Es para los más maduros, es para los espirituales, no para los carnales, y es muy importante y muy necesaria. La comida sólida se recibe ministrando a Dios (Hechos 13:1-3).

En Hebreos 5:11 hasta 6:2 se nos afirma que hay algo misterioso y no revelado sobre Melquisedec. Pablo dijo algo sobre él, pero no lo suficiente (Hebreos 7:1-6 y 14-17). Pero es evidente que se privó de decir lo mucho más que sabía, porque quizás los hebreos no lo hubieran podido aceptar ni digerir. Ellos tenían un concepto muy definido acerca de Melquisedec. Si Pablo les decía todo lo que él ahora sabía, después de haber estado en el tercer cielo, en las oficinas centrales del reino cósmico de Dios, palabras diferentes a lo que los judíos creían, ellos lo hubieran tenido por más loco todavía (2 Corintios 11:1). Pablo dijo que tenía mucho para decir sobre Melquisedec y su orden sacerdotal, aunque era difícil explicarlo. No les podía contar nada *"porque a ustedes lo que les entra por un oído les sale por el otro ... necesitan que alguien vuelva a enseñarles las verdades más elementales de la palabra de Dios ... necesitan leche en vez de alimento sólido"* (Hebreos 5:11-12).

La sabiduría de Dios o comida sólida es para los más avanzados, que ya han bebido toda la leche y tienen hambre de conocer más a Dios, y saber *"lo que Dios ha preparado para quienes lo aman"* (1 Corintios 2:9). Los que lo aman tanto separan mucho tiempo para meditar, contemplar y visualizar el reino espiritual, recrearse en su templo (Salmo 27:4), *"entrar en el lugar Santísimo"* (Hebreos 10:19), buscar las cosas de arriba (Colosenses 3:1-3), acercarse *"al Monte Sión, a la Jerusalén celestial, a la ciudad del Dios viviente. Se han acercado a millares y millares de ángeles, a una asamblea gozosa, a la iglesia de los primogénitos inscritos en el cielo ... los espíritus de los justos que han llegado a la perfección"* (Hebreos 12: 22-23). Los que buscamos al Señor *"no nos fijamos en lo visible sino en lo invisible, ya que lo que se ve es pasajero, mientras que lo que no se ve es eterno"* (2 Corintios 4:18).

Ser carnal significa estar conscientes más bien de las cosas y de las personas visibles y materiales de esta vida, las necesidades de aquí, del mundo. Ser espiritual significa estar conscientes del reino invisible y espiritual de Dios, de los ángeles, de los santos y de la actividad en el reino. Los espirituales se juntan en grupos pequeños, como el de Hechos 13:1-3, separando un día o más para orar en ayuno y ministrar al Señor. Él les reveló sus necesidades y ellos las suplieron.

Pablo sabía más de los misterios de Dios que ningún otro escritor de La Biblia. Por eso, en el cuadro de honor de los cristianos, primero está Jesús y luego Pablo. Nosotros tenemos una desventaja con los hijos de Pablo, como Timoteo, Tito y Filemón. Seguramente, el apóstol, cuando predicaba y enseñaba, decía mucho más de lo que escribía. Y ellos lo escucharon, porque las epístolas fueron escritas después que él había estado presente para corregir malas interpretaciones o desviaciones. La médula de su enseñanza la daba en persona. Sus cartas no nos dan el contenido principal de las enseñanzas apostólicas. Son solamente instrucciones sobre las cosas que necesitaban ser corregidas. No sabemos todo lo que Pablo enseñó mientras se encontraba ya sea en Corinto, Antioquía, Troas, Tesalónica o en cualquier otra ciudad. La única epístola que nos da la medula de algo de su enseñanza en forma esquemática es la de los Romanos, porque como él no había estado todavía en Roma, les enseña la doctrina del pecado, la justificación y la santificación, por escrito. Y por esta epístola, sabemos tanto de los rudimentos de la doctrina de Cristo. Las cartas a los corintios son leche (1 Corintios 3:1-3). La de los hebreos, también (Hebreos 5:12) En nuestros seminarios, tanto Romanos como Hebreos son epístolas "profundas". Si nos cuesta comprender bien la leche, ¿qué haremos con "la sabiduría que no es de este siglo" o comida sólida? Creo aún más que Pablo no decía todo cuando predicaba y enseñaba personalmente, porque en la audiencia la mayoría eran niños. Donde hubiera deseado estar, era en su grupo íntimo de discípulos, como Timoteo, Tito, Filemón, Epafrodito, etc., para escuchar sus conversaciones (1 Corintios 2:6,10, 12-13).

La comida sólida es pesada y a veces cae mal. Por eso, la *"sabiduría de Dios en misterio, la sabiduría oculta"* o revelación, es muy bueno hablarla *"entre maduros"* o espirituales, y compararla con las Escrituras antes de enseñarla a creyentes más débiles o nuevos. De otra manera, puede causar "malestares estomacales", porque son comidas a las cuales no estamos acostumbrados. Pueden ser cosas totalmente opuestas a algunas de nuestras amadas tradiciones. El tema del alimento sólido es material para todo un nuevo libro completo.

4

El crecimiento espiritual de los creyentes

Y él mismo constituyó a unos, apóstoles; a otros profetas; a otros evangelistas; y a otros, pastores y maestros, a fin de capacitar al pueblo de Dios para la obra de servicio, para edificar el cuerpo de Cristo. De este modo todos llegaremos a la unidad de la fe y del conocimiento del Hijo de Dios, a una humanidad perfecta que se conforme a la plena estatura de Cristo

(EFESIOS 4:11-13)

Cuando descubría una incongruencia, algo que creía que estaba errado en la Iglesia o que necesitaba ser reformado, renovado o descontinuado, me concentraba en cómo hallar la respuesta para solucionarlo. Pero yo no era el único. Dios estaba inquietando a muchos otros pastores de distintos grupos, que junto conmigo, estábamos de acuerdo en la necesidad de cambios, aunque no sabíamos cómo hacerlos. Éramos pastores tocados por el movimiento carismático que nos juntábamos a orar. El pertenecer a un grupo conocedor de las Escrituras y con experiencia en el ministerio nos hacía sentir más confiados, con menos miedo de ser demasiado radicales, porque entre todos nos controlábamos. Cuando la idea de uno parecía desbalanceada, el otro se lo hacía notar. Este grupo de pastores era muy heterogéneo, porque cada uno traía un énfasis distinto, había sacerdotes católicos, episcopales, bautistas, menonitas, de la Alianza Cristiana, hermanos libres, metodistas, pentecostales, etcétera. Por eso, en la Argentina, la renovación fue no solo carismática, sino también de estructuras de la iglesia, métodos de enseñanza, compromiso con el Señor Jesucristo, amor entre hermanos, discipulado, práctica del sacerdocio universal de los creyentes, la ayuda mutua, la unidad de la iglesia, el rol de los edificios, la música, la alabanza, la oración, etcétera. Cuando hablamos de estructuras, este pasaje clave de la epístola a los efesios fue el primer puntapié.

Comprendimos que nuestro trabajo como pastores, al comenzar una obra, era hacer el trabajo de evangelista y hacer la obra del ministerio con los primeros. Pero no bien teníamos un grupo de discípulos, debíamos entrenarlos y equiparlos para que ellos hagan la obra, transformándolos en líderes, primero de pequeños grupos y luego de grupos más grandes. Esto les haría crecer y les daría la madurez necesaria para que engendren otros discípulos-líderes. Pero no sabíamos hacerlo. Hasta ese entonces solo manteníamos a la gente para no perderla, pero no la perfeccionábamos para el ministerio. Muchas de nuestras actividades eran pura y exclusivamente diseñadas para mantener a los creyentes, involucrándolos en alguna actividad como coro, ujieres, levantar la ofrenda, el sonido, maestro de Escuela Dominical y algunas otras cositas tradicionales, tomando alguna responsabilidad, aunque sea regar las plantas, para que no se fueran de la iglesia.

Toda vez que iba de visita a alguna congregación, el pastor de inmediato me decía: "Hermano Ortiz, ¿qué ideas nuevas tiene para el crecimiento de la iglesia? ¿Qué están haciendo en la Confraternidad de Varones? ¿Qué hacen los jóvenes?". Siempre estábamos en la búsqueda de algo nuevo, atractivo, que nos permita mantener a la gente asistiendo a las actividades; eso era el éxito para los pastores. Pero luego entendimos que eso no era nuestro ministerio, sino transformar a los discípulos en otros como nosotros. Todos sacerdotes. El escritor de Hebreos dice de ese tipo de creyentes: *"... a estas alturas ya deberían ser maestros, y sin embargo necesitan que alguien vuelva a enseñarles las verdades elementales de la palabra de Dios"* (5:12). Esta era exactamente la situación de los miembros de nuestras iglesias. Pablo esperaba algo mejor; que los que eran alumnos ayer fueran maestros hoy y enseñen a otros lo que ellos habían aprendido. Y aquí hay un principio muy importante del proceso de aprendizaje. Uno aprende más cuando tiene que enseñar que cuando es alumno. Los eternos alumnos no aprenden tanto como uno cree. Uno recién comprende el tema cuando tiene que enseñarlo a otros y a veces, ¡mientras lo enseña! Según cómo enseña sabremos si comprendió. Si no enseñan, ¿cómo sabremos si han aprendido?

En el capítulo cuatro de Efesios, notamos que los apóstoles, profetas, maestros y pastores deben equipar a los santos para que hagan la obra del ministerio. Un arquitecto no se dedica a construir edificios personalmente; sino a diseñarlos y dirigir la obra. Si el arquitecto tuviera que colocar todos los ladrillos y completar el edificio por sí solo en vez de dirigir la construcción, quizás podría hacer un solo edificio de varios pisos en toda su vida. Pero, entrenando a otros para que lo hagan, pueden ser hechos muchos edificios al mismo tiempo.

Hoy la Iglesia necesita apóstoles, o sea arquitectos e ingenieros. Alguien que tenga la visión, que haga los planos, que entrene obreros y dirija la obra. Hace falta líderes que tengan un propósito claro de a dónde quieren ir y cómo llegar allí, y equipar a los creyentes para lograrlo. Muchos de nuestros edificios están torcidos y defectuosos, porque los hacemos sin ningún plan. A veces se nos cae la construcción, porque nos descuidamos u olvidamos algún detalle o elemento. Por eso, hay diáconos ineptos, divisiones, dejamos de crecer, perdemos los jóvenes, no permanecen los niños, etc., porque no teníamos un plano con todas las necesidades detalladas y en su orden, ni enseñanza graduada.

Asimismo los arquitectos son los que tiene a su cargo la tarea de preparar futuros arquitectos, o tomando otra vez el lenguaje bíblico, los líderes deben producir otros líderes, discipular. El blanco es que todos lleguemos a ser como Cristo. Llegar *"a la plena estatura de Cristo"*. El Padre anhela que todos alcancen la misma estatura del Hijo. Y los pastores somos, en primer lugar, los que debemos lograr esa madurez para ser el ejemplo de nuestros discípulos. Nuestros creyentes no deben ser *"niños, zarandeados por las olas y llevados de aquí para allá por todo viento de enseñanza ... Mas bien, al vivir la verdad con amor, creceremos hasta ser en todo como aquel que es la cabeza, es decir, Cristo"* (Efesios 4:14-15).

Cuando Pablo dejó este mundo, quedaron en su lugar Timoteo, Tito, Filemón y otros. Jesús retornó al Padre contento y satisfecho, porque detrás de Él, quedaban doce réplicas de sí mismo. Los doce que formaban su congregación no tuvieron que escribir al obispo pidiéndole que les mande un pastor para reemplazar a Jesús que se había ido: "Señor

Obispo, por favor mándenos otro pastor porque el que teníamos se acaba de ir al cielo, gracias". Los apóstoles habían crecido y estaban en condiciones de ocupar el lugar de Jesús multiplicado por doce. Además Jesús había prometido el Espíritu Santo para que puedan seguir su obra y los autorizó a actuar en su nombre.

¿Por qué en la Iglesia contemporánea, cuando alguien quiere prepararse para el ministerio debe *dejar* la iglesia e ir a un seminario? Porque aquella no está cumpliendo debidamente sus funciones de equipar a todos los creyentes para el ministerio. Los seminarios, a pesar de todo el bien que han hecho, han dividido otra vez a los creyentes entre clérigos y laicos. Un simple discípulo, Ananías, fue a evangelizar, bautizar e imponer las manos sobre Saulo de Tarso para que sea lleno del Espíritu Santo. Si los pastores estuviéramos equipando a los santos para hacer la obra del ministerio, las iglesias serían iglesias-seminarios, como la de Antioquía y como Jesús, que era Pastor y director de la primera iglesia-seminario con doce alumnos, y como la congregación de Efeso, donde Pablo también comenzó una iglesia-seminario también con doce discípulos (Hechos 19:1-10). El Señor dio el ejemplo de cómo fundar una iglesia local fuerte que instruya a sus propios obreros con visión mundial sin dinero y sin edificios. Pero claro, una iglesia dividida, pequeña, débil, como la nuestra, que tiene "miembros" en vez de discípulos, necesita muletas, como casas de estudios para preparar a futuros pastores. Si la iglesia en una ciudad fuera unida, tendríamos una fuente inmensa de candidatos al ministerio y la capacidad en la misma ciudad de preparar los obreros, haciéndoles ministrar en la congregación como parte de su preparación. La iglesia debe ser un seminario, cada creyente un discípulo, y todos los creyentes, sacerdotes. Como La Biblia es un libro antiguo, escrito en otras culturas e idiomas, necesitamos algunos profesores especializados en el estudio más científico de las Escrituras para enseñar teología a los líderes de la Iglesia creciente. Esta enseñanza científica debería darse a los líderes que ya están ministrando y no al revés, para no hacer división entre clérigos y laicos. El ministerio es para todos los creyentes. A medida que van creciendo, se les va capacitando según sus necesidades.

No debemos oponernos a los seminarios, organizaciones juveniles y otros grupos para eclesiásticos que están ayudando a la Iglesia a suplir, de alguna manera, su debilidad y falta de capacitación de sus creyentes. Pero si ella se sana y comienza a caminar bien, las muletas se caerán por sí solas. Oremos y tomemos las medicinas para ser sanados. La Iglesia crecerá en Cristo cuando sus líderes comiencen a cumplir con su deber. Sabemos que todos somos sacerdotes, a todos se nos dio el ministerio de la reconciliación, a todos se nos encargó la palabra de la reconciliación, a todos el Señor nos ha llenado del Espíritu Santo, todos somos embajadores en nombre de Cristo, Dios ruega por medio de cada creyente a todo el mundo que se encuentre con Él (2 Corintios 5:17-21). El sacerdocio de todos los creyentes está implicado en la promesa de Joel 2:28-29, y Pablo nos muestra cómo, en una iglesia bíblica, una persona llega como pecador y, allí mismo, puede ser perfeccionado y, al tiempo, salir como apóstol, tal como Bernabé y Saulo. Veámoslo: *"En la iglesia Dios ha puesto, en primer lugar, apóstoles; en segundo lugar, profetas; en tercer lugar, maestros; luego los que hacen milagros; después los que ayudan a otros, los que administran y los que hablan en diversas lenguas"* (1 Corintios 12:28).

Nunca antes había prestado atención a esta escala ascendente: "primer lugar... segundo... tercero... luego... y después". Recién cuando me preocupé por el crecimiento, descubrí que los ministerios que se originan en Jesús no operan como los dones que se originan en el Espíritu Santo. Los dones son dados espontáneamente cómo y cuándo el Espíritu quiere. Cuando me aparté unos días para preguntar al Señor, esperar en Él y meditar, comencé a ver que este texto era como una escala de crecimiento. Primer grado, segundo, tercero, cuarto, quinto... Fíjese que en esta lista, el primero es el ministerio de apóstol, el más alto. El ministerio del apóstol incluía todos los otros ministerios: era profeta, maestro, hacía milagros, sanaba, era evangelista, ayudaba, administraba y hablaban en lenguas. Podía jugar en cualquier posición del equipo, porque había estado en todos esos niveles. Es como uno que entra a una empresa como cadete y va escalando todas las posiciones hasta que llega a ser el presidente de la empresa; él conoce el negocio de arriba abajo, porque estuvo en todas las posiciones.

¿Por qué el hablar en lenguas está al final de la lista? Porque lo primero que recibía el pecador que se convertía era el bautismo y, en seguida, se le imponían las manos para ser bautizado en Espíritu Santo, que generalmente venía acompañado de los dones de lenguas. Esto sucedía el primer día. Luego comenzaban a ayudar en la administración como diáconos, más adelante llegaban a ser los ayudantes de los apóstoles como ancianos, después entraban en la evangelización para lo cual hacían sanidades y milagros, luego enseñaban como maestros, después eran profetas y al final, cuando llegaban a apóstoles, los enviaban a comenzar la obra en otras regiones, como a Pablo y a Bernabé en Antioquía.

Note también que el ministerio de profeta es el segundo en la escala, porque es anterior al de apóstol; y el anterior al profeta es el maestro. En Hechos 13:1-3, estaban reunidos un grupo de cinco ministros compuesto por profetas y maestros, entre los cuales estaban Bernabé y Saulo. Pablo no comenzó siendo un apóstol, sino que principió siendo un discípulo que testificaba en las iglesias. Aparentemente, habló por vez primera en lenguas cuando Ananías le impuso las manos (Hechos 9). Pero continuó creciendo. En los capítulos 11 y 12 de los Hechos, colaboraba con Bernabé. Después vinieron sanidades y milagros, y en Hechos 13:1, se lo nombra entre los profetas y maestros de la iglesia de Antioquía. *Recién entonces* lo enviaron como apóstol (Hechos 13:3 y 14:14).

El ministerio de cada cristiano debería crecer como pasando de un grado al otro, o como de la escuela primaria a la secundaria, luego a la universidad y después un doctorado. Creo que uno no recibe el don de apóstol cuando se convierte, sino que si crece hacia ser como Jesús, lo más cerca de Él es un apóstol. No creo que todos los creyentes lleguen a ser apóstoles, pero la posibilidad, el potencial y los recursos deberían estar al alcance de todos. Cada uno crece según el grado de obediencia, prioridades en su vida, tiempo que consagra al servicio del Señor y, por supuesto, la oportunidad y guía que le dan los ministerios de la iglesia. Allí debe haber un curso de evangelización para los nuevos creyentes, donde se enseña el amor de Dios, el perdón, la gracia, el arrepentimiento y la conversión a Dios. Luego un curso de servicio, donde se define nuestra relación con Jesús: Él es el Señor; nosotros, sus siervos. Luego el nuevo creyente debería ser miembro de una célula, antes del año de convertido. La célula no es para estudios bíblicos, sino para hacer lo que Jesús nos manda, *"hagan discípulos de todas las naciones, bautizándolos en el nombre del Padre y del Hijo y del Espíritu Santo, enseñándoles a obedecer todo lo que les he mandado"* (Mateo 28:19-20). La célula no es una reunión más, ¿quién necesita una reunión más? Simplemente es para leer un mandamiento de Jesús o de los apóstoles, entender lo que quiere decir, planear cómo ponerlo en práctica y volver al próximo encuentro para informar a sus discípulos cómo le va en la práctica de lo que leyeron. Cuando todo el grupo está viviendo ese mandamiento, recién se pasa a uno nuevo. Nunca se debe pasar a un nuevo mandamiento hasta que se esté obedeciendo el anterior.

Los mandamientos tendrían que ponerse en un orden lógico, porque están todos mezclados entre los Evangelios y las Epístolas. Entiendo que los primeros deben ser sobre el amor, primero a Dios, segundo a sí mismo, tercero a la familia, los hermanos de la iglesia, el prójimo como los vecinos y compañeros de trabajo, y finalmente los enemigos, con tareas concretas de cómo hacerlo. En la célula, se dan "deberes" que deben traer hechos en el plazo de una, dos, tres semanas o lo que sea necesario. No debemos pasar a un nuevo mandamiento hasta que el anterior haya sido practicado por todo el grupo. De otra manera, la célula no tendría sentido de existir, sería una reunión más. A la vez, la iglesia debe organizar clases estilo escuela, para enseñar acerca de La Biblia y su contenido, una introducción para que la gente sepa qué es el libro que tiene en la mano. Todo lo que apela al intelecto debe darse en clases por personas bien preparadas, no en las células. Ellas son para transformar nuestra vida cumpliendo las órdenes de nuestro Señor y de sus apóstoles. En las células, se hace el discipulado. Hacemos discípulos de Jesús, no discípulos del líder del grupo. Los líderes podemos aconsejar con nuestras ideas, pero no obligarlos a obedecerlas. La obligación de obedecer es lo que nos manda el Señor. Ha habido abusos, cuando los líderes usan a los discípulos como sirvientes o esclavos. "Láveme el auto", "venga a ayudarme a limpiar mi casa", "debe mudarse a otra ciudad", "debe ponerse de novio con tal persona". Esto no es correcto. Aconsejar, sí; obligar, no, porque cada uno tiene el Espíritu del Señor para guiarlo. Pero lo que manda Jesús es diferente. Sin embargo, tampoco debemos caer el en legalismo con los mandamientos bíblicos. La salvación no es por guardar los mandamientos, sino por la gracia de Dios, pero *"si ustedes me aman, obedecerán mis mandamientos"* (Juan 14:15). Bajo la gracia, no es el interés del cielo ni el miedo al infierno lo que nos motiva a obedecer, sino el amor. Lo que los líderes deben lograr es algo espiritual no legal. Deben lograr que los discípulos quieran ser obedientes y luego ayudarlos a obedecer. Para esto son las células, no para tener otra reunión de estudio bíblico. La célula es como un padre que enseña a su hijo a ser obediente, cortés, a aprender a comer alimentos sanos, a asearse, etc., es para formar las vidas, no para informarlas solamente.

Luego deberíamos enseñar la seguridad de la salvación y la esperanza de la vida eterna para quitarles el miedo a la muerte y prepararlos para cuando un ser querido muere, *"para que no se entristezcan como esos otros que no tienen esperanza"* (1 Tesalonisenses 4:13). Después deberíamos concentrarnos en la vida cristiana. La ética de trabajo, como patrón, como empleado y la ética cristiana como padre, madre, hijo, vecino, etcétera. *"Hagan brillar su luz delante de todos, para que ellos puedan ver las buenas obras de ustedes y alaben al Padre que está en el cielo"* (Mateo 5:16). Lo que frena el crecimiento es que avanzamos hasta cierto punto y nos detenemos. Algunos hablamos en lenguas, administramos como diáconos, ayudamos un poco como ancianos –aunque la mayoría cree que ocupar esos cargos es simplemente asistir a las reuniones de comisión y votar sobre algunos asuntos, y no *hacer* el ministerio–. Algunos somos usados para orar por los enfermos y hasta podemos enseñar temas bíblicos en una clase de Escuela Dominical, pero dejamos de avanzar. Si alguno quiere adelantar más tiene que ir a un seminario. Otros si quieren ser usados más deben irse a un grupo para eclesiástico como JUCUM, Ministerio a Profesionales, Ministerio a las cárceles, etcétera. Creo que tal como en Antioquía, sin dejar la iglesia, una persona debería tener la oportunidad de entrar como un pecador o "alma nueva" y crecer hasta que, a los pocos años, salga como apóstol a plantar nuevas obras. Los discípulos de Jesús, eran "hombres sin letras e ignorantes", y en tres años, estaban listos para asumir la responsabilidad de extender la Iglesia sobre todo el mundo. Hoy, a los tres años de convertidos, todavía los llamamos "almas nuevas". Nuestra tarea debería ser *"capacitar al pueblo de Dios para la obra de servicio, para edificar el cuerpo de Cristo. De este modo, todos llegaremos a la unidad de la fe y del conocimiento del Hijo de Dios, a una humanidad perfecta que se conforme a la plena estatura de Cristo"* (Efesios 4:12-13). Nuestra gente oye sermones hasta la muerte, pero no son perfeccionados para la obra del ministerio. Jesús lo logró porque era un pastor de multitudes. Él eligió doce y se dedicó a ellos, luego ellos hicieron lo mismo con otros, y así se armó la cadena de discípulos: ¡la familia de Dios! En las Escrituras, a los creyentes se los llamaba discípulos, es decir, personas conectadas entre sí dando cuenta de sus vidas unas a otras. Los pastores que no discipulan son un obstáculo en el crecimiento de sus creyentes. Somos el tapón de la botella que no permitimos a los cristianos crecer, bloqueando el camino. Las ovejas crecen y se arremolinan a nuestros alrededor, imposibilitadas de continuar creciendo hasta que nosotros mismos crezcamos un poco más y las guiemos a terrenos nuevos, pastos más verdes y gustosos, y aguas más profundas y frescas. Pero en nuestro caso, se la pasan escuchando nuestros sermones y, al correr del tiempo, saben tanto como nosotros. Así comienza la rutina, el aburrimiento y el tedio en el ministerio. Eso crea presiones y descontento. Algunos se van, otros se rebelan, critican, creen que la vida cristiana no tiene atractivo y crean problema a los pastores. Pero el que crece, llega el momento que empieza a traer a otros al Señor, comienza una célula, se transforma en un pastorcito de un grupo pequeño, lo ve crecer, se siente satisfecho, comprende más a los pastores ahora que tiene hijos espirituales y se goza cuando sus discípulos, al crecer, comienzan sus propios grupos. Eso es una aventura. A medida que tienen más gente en su línea, se sienten más realizados, y llegará el día que lleguen a ser pastores de congregaciones grandes.

Si no hay crecimiento, comienzan las dificultades entre el pastor y sus diáconos, y miembros de la iglesia. Cuando la presión llega a ser lo suficientemente fuerte, pastor y creyentes comienzan a sentirse molestos y piden un cambio de líder. Entonces viene otro que, al principio parece mejor, pero dice lo mismo que el anterior de manera diferente, con otras ilustraciones y otros chistes; pero, al tiempo, es lo mismo. Hay iglesias que cambian muy seguido de pastor por esa razón. Si el pastor crece, todos crecen, él mismo trae tras sí a los demás y dura de por vida.

Si un pastor es realmente un padre para su congregación, no puede ser sustituido cada cinco años. ¿Qué familia cambia de padre cada cinco años? Es posible que nuestras congregaciones se asemejen más a un club, que elige presidente por un período y luego vota a otro. Pero si somos una familia, permaneceremos unidos en amor. El padre continuará delegando responsabilidades en los hijos a medida que estos van creciendo y, cuando se jubile, se gozará como un abuelo viendo a sus hijos criar sus familias y al ver a sus nietos espirituales crecer.

Muchos son pastores de éxito, como Pablo y Bernabé. Cuando sus hijos toman la responsabilidad de la congregación, son enviados por ellos a otro lado a comenzar otra obra como apóstol. Antioquía era una *iglesia fábrica*. Uno entraba allí como pecador y podía crecer hasta llegar a ser apóstol o misionero. En esa iglesia, un nuevo creyente podía llegar a ser perito arquitecto de la obra de Dios. Estas personas habían sido discipuladas pasando por todas las etapas de crecimiento y, por lo tanto, estaban en condiciones de establecer nuevas iglesias.

Toda vez que viajaba fuera del país, recibía cartas de mis ancianos-discípulos en Buenos Aires donde me decían: "¡Cuánto lloramos cuando te vas! Pero después de tu partida, comprendemos que nos hace mucha falta estar solos". Unos pocos años antes, ni siquiera podían decir "amén" por sí solos, pero ahora eran los pastores de la congregación. Yo podía viajar seis, siete, ocho meses por año porque ellos estaban al frente ocupando mi lugar, y eso les hacía crecer. Si yo me hubiera quedado siempre, hubiera sido un tapón en el cuello de la botella, no habrían crecido. Ahora casi todos ellos son pastores y misioneros. Hasta el mismo Jesús dejó su congregación cuando se fue a la gloria. Sus discípulos no querían que se vaya, pero Él les dijo que era necesario.

En la iglesia contemporánea, ¿a quién se envía para establecer nuevas iglesias? A los jóvenes que acaban de salir del seminario. Yo empecé cuando tenía tan solo veinte años. No sabía lo que hacía. Lo que plantaba no eran iglesias fábricas, sino kioscos. Cuando tenía que salir, llamaba a otro pastor para que me cuide el rebañito.

Pablo y Bernabé, siendo peritos arquitectos, estaban preparados para establecer congregaciones con vida propia. Ellos se quedaban unos pocos meses en cada lugar y después se marchaban. Al cabo de un par de años, leemos que Pablo dijo: *"Volvamos a visitar a los creyentes en todas las ciudades en donde hemos anunciado la palabra del Señor, y veamos cómo están"* (Hechos 15:36). Al retornar a esos lugares, se encontraban con que las iglesias seguían creciendo. Evidente ellos habían discipulado a sus convertidos.

Al tiempo que Pablo se fue de Tesalónica, les escribió diciendo: *"No sólo en Macedonia y Acaya sino en todo lugar; a tal punto se ha divulgado su fe en Dios que ya no es necesario que nosotros digamos nada. Ellos mismos cuentan de lo bien que ustedes nos recibieron"* (1 Tesalonicenses 1:8-9). En Antioquía el Espíritu Santo no dijo: "Separen a algunos jóvenes que sepan tocar instrumentos musicales para abrir una obra", sino: *"Apártenme ahora a Bernabé y a Saulo para el trabajo al que los he llamado"* (Hechos 13:2).

En la Iglesia primitiva, el pastor que tenía éxito para formar líderes era el que recibía libertad para moverse y cumplir una tarea nueva, permitiendo a la vez que sus ancianos crezcan y sean los dirigentes de la iglesia. El pastor no se iba porque lo echaban, sino porque podía dejar la iglesia en manos de sus hijos y salir para otras regiones. Eso también ayudaba a que ellos aprendieran a asumir responsabilidades. Pero siempre podía volver a su casa igual que Pablo, él siempre regresaba a Antioquía.

¿Qué es lo que hace a una persona un verdadero apóstol o misionero? Su experiencia y el don de Dios que lo capacita para planear la estrategia para toda una región, y formar líderes de sus convertidos. Así la obra crece sin fin, tal como hizo Jesús con sus discípulos. Así hicieron los primeros misioneros de las Asambleas de Dios que llegaron a la Argentina. La primera iglesia que comenzaron se transformó en una escuela bíblica que preparaba líderes para abrir otras iglesias. Todos debemos crecer. Es necesario que dejemos definitivamente nuestra permanente niñez y que comamos comida sólida hasta que crezcamos nosotros en el ministerio y equipemos a otros para ir dejando en nuestro lugar. Así llevaremos el reino de Dios por todo el mundo.

5
¿Miembros
o discípulos?

*"Ustedes son como piedras vivas,
con las cuales se está edificando
una casa espiritual. De este modo
llegan a ser un sacerdocio santo"*

(1 PEDRO 2:5)

¡Ojalá que esta declaración de Pedro fuera real en la actualidad! En algunos lugares, sí lo es, pero con más frecuencia los miembros de la iglesia no son una casa espiritual, sino una montaña de ladrillos. Cada miembro es un ladrillo, y todos nosotros nos esforzamos grandemente para acumularlos más y más. Hasta el pastor trabaja en la evangelización procurando traer ladrillos al sitio de la construcción. Pero existe un problema con los ladrillos sueltos en una montaña o pila. Se deterioran o pueden robárnoslos. Los pastores estamos siempre ocupados en traer más ladrillos y vigilarlos para que no se nos pierdan o los roben, *en vez de edificar el edificio.*

Los ladrillos sueltos son muy débiles. Pero edificados en una pared y siendo parte de un edificio, soportan más peso, proporcionan más fuerza, lucen más hermosos y nadie puede robarlos. Un edificio no es otra cosa que ladrillos relacionados de una manera y pegados con la mezcla del amor y con un plan en mente. En la pila o montaña, no están ni relacionados ni unidos con un propósito. Los ladrillos amontonados son valiosos, pero no sirven. Sin embargo, *edificados* son utilísimos para infinidad de propósitos. Cada ladrillo sabe quién está encima de él, quien está a los costados y quien está abajo. Tal como en la familia. Cada uno sabemos quién es nuestro padre, quiénes son nuestros hijos, quiénes son nuestros hermanos y quiénes son nuestros nietos, ¡y a veces bisnietos! Los ladrillos somos nosotros. Los peritos arquitectos hacen los planos, los ingenieros y técnicos dirigen la obra, y los obreros la hacen. Lo maravilloso de la iglesia es que los obreros de hoy pueden ser técnicos mañana, ingenieros pasado mañana y así sucesivamente. Esto es el discipulado.

El apóstol tiene al principio que hacer de arquitecto, ingeniero, evangelista, pastor, etc. y sabe hacerlo, porque tiene experiencia. Pero luego los nuevos creyentes comienzan a crecer. A medida que avanza el edificio, hace falta otros técnicos que enseñen, que aconsejen, que dirijan células, que toquen música, que sepan enseñar a los niños, a los adolescentes, a los jóvenes, a las damas, a los nuevos convertidos. Todos estos técnicos deben ser preparados, equipados, enseñados por los de más arriba para que la obra sea sólida.

Pero si tenemos que pasarnos el tiempo cambiando pañales,

cuidando que no nos roben los miembros y apagando fueguitos con los niños que se pelean, chismean, tienen celos, envidia y no saben arreglar por sí mismo sus problemas, lo que hacemos es mantenerlos en niñez. Lo mejor para que crezcan es ponerlos en liderazgo de una célula, entonces sabrán el trabajo que es ser un pastor y al enseñar, aprenderán. En muchos casos, tal es el miedo de que alguien se nos escape que olvidamos por completo a los inconversos que están afuera, porque con los que están adentro tenemos las manos llenas. Estos bebés llegan a ser desobedientes y a esperar que el pastor haga todo. Muchos dicen ufanados: "Yo no sigo a ningún hombre. Yo sigo a Cristo". Eso parece correcto, pero significa que esa persona quiere hacer su propia voluntad y ni siquiera comprende lo que significa seguir al Señor.

Pablo dijo: *"Imítenme a mí, como yo imito a Cristo"* (1 Corintios 11:1). Eso significa: "Obedézcanme a mí como yo obedezco a Cristo". Nosotros, los pastores, a veces tenemos temor de decir eso, porque no vivimos como deberíamos; por eso decimos: "Usted no me mire a mí, mire La Biblia". Esto quiere decir "yo traté y no pude, ahora trate usted". ¡Con razón los creyentes se sienten desanimados! Si ni el pastor puede hacer lo que dice la Escritura, ¿quién podrá, entonces? Pablo no tenía temor de ponerse como ejemplo. Escribiendo a los filipenses, dijo: *"Pongan en práctica lo que de mí han aprendido, recibido y oído, y lo que han visto en mí, y el Dios de paz estará con ustedes"* (4:9).

En los Hechos, dice que el número de los discípulos se multiplicaba. La humanidad, los animales y las plantas se multiplican porque cada uno produce otros. En una ocasión, visitando una de las provincias del interior, una anciana me presentó una jovencita:

—Es mi biznieta —me dijo.

–¿Es cierto? –dije yo.

–Sí, tengo biznietos –señaló–. Uno ya tiene quince años, y si se casa joven es posible que tenga tataranietos.

–¿Cuántos hijos tuvo? –Quise saber.

–Seis.

–Y ¿cuántos biznietos tiene?

–¡Vaya a saberlo! –me respondió–. Nunca los conté.

De acuerdo con esa proporción, si cada uno tiene seis como ella, podría tener seis hijos, treinta y seis nietos, unos doscientos dieciséis biznietos y mil doscientos noventa y seis tataranietos. ¡Una congregación! Pero lo importante del caso no era el número, sino que, en su familia, un hijo era médico, otro abogado, dos eran chacareros, y otro, dueño de un taxi. Entre sus nietos había ingenieros y muchos otros profesionales. Si yo le hubiese preguntado cómo se las había arreglado con una familia tan numerosa para tenerlos a todos bien alimentados, bien aseados y con una tan buena educación, me hubiera respondido: "¡Yo solo crié, alimenté y eduqué a mis seis, y cada uno de los demás a sus seis!". Esto es el discipulado. Por eso, Dios logró con solo Adán y Eva, tener una familia actual de siete billones de personas, y todas tuvieron a alguien que los cuide y eduque personalmente, y cada uno tendrá quien lo llore cuando muera.

En la iglesia, no tenemos un sistema de multiplicación así, sino de suma. El pobre pastor tiene que preocuparse por cada uno, eso no es posible. A fin de crecer, aumentar y edificar, poniendo los ladrillos en el gran edificio, es necesario que hagamos algo. Debemos hacer discípulos de nuestra gente para que ellos, a su vez, puedan hacer discípulos a otros que hagan discípulos (2 Timoteo 2:2). Tenemos que ser padres en lugar de directores de orfanatos. Hasta el mismo Jesús hizo eso. ¿Es que alguien puede poner en duda que fue el mejor pastor que jamás existió? Sin embargo, cuidó solamente a doce. Mateo 9:36 dice: *"Al ver las multitudes, tuvo compasión de ellas; porque estaban agobiadas y desamparadas, como ovejas sin pastor"*. ¿Por qué? ¿Acaso no era Él el pastor? Sí, lo era, pero un pastor puede cuidar a un número limitado de ovejas, aún tratándose del mismo Jesús. Si Él no podía hacer más de doce discípulos por vez, ¿cómo podremos hacerlo nosotros? Cuando partió, cada uno sabía lo que le tocaba hacer: ir y hacer discípulos a otros, tal como Jesús había hecho con ellos. Fue así que al irse el Señor, ellos salieron y empezamos a enseñar y a compartir casa por casa en pequeños núcleos. En la Iglesia de nuestros días, ya no hacemos eso. Los juntamos a todos los domingos en el gran salón del orfanato, que llamamos templo, y les decimos: "Muy bien, ¡ahora abran la boca, aquí está la comida!". Revoleamos por el aire un balde de leche y les damos la bendición hasta el próximo domingo. Así no se puede alimentar a los niños. Debemos tomarlos uno por uno en nuestros brazos y darles el pecho o el biberón. Al crecer nos necesitarán menos, hasta que comiencen su propia familia. Esto se llama multiplicación. Este debe ser el ministerio de hacer crecer la familia de Dios o construir el edificio de Dios, no solo de mantenerlo. Y la multiplicación espiritual puede y debe ser más rápida que la multiplicación demográfica.

¿Y qué es lo que estamos edificando? ¿Es el reino de Dios? El reino de Dios no es nuestra congregación o denominación, sino todos los creyentes de todos los siglos y de todo el universo. En nuestro caso, estamos edificando el reino en nuestra región, pero con la mente en todo el mundo. Jesús actuaba de forma local, pero a la vez pensaba globalmente. Si somos reinocéntricos, vamos a tratar de edificar con inteligencia. Reunirnos con los pastores de la zona, contar los creyentes que tenemos entre todos, equiparlos para la conquista de nuestra región, dividir la ciudad, los barrios, las manzanas y que cada creyente sepa cuál es su pedacito. ¿Cómo se come un elefante? Cortándolo en pequeños pedacitos. Si el diez por ciento de la población es creyentes, y los entrenamos para evangelizar y hacer discípulos, le tocarán nueve personas a cada uno. Nueve personas son dos o tres casas, es decir que le tocará a cada creyente dos o tres casas para orar, visitar y evangelizar. En un año, toda la región estaría evangelizada. Una sola congregación no puede ganar a todo el mundo, pero entre todos, si planeamos, podemos. Pregunté a un ejecutivo de *Coca Cola* cómo hicieron para *cocalizar* a toda criatura en una generación. Me contestó: "Muy fácil, nos sentamos a planearlo". *Coca Cola* tuvo una visión mundial, pero comenzaron en una ciudad, luego todo el estado, luego el país, luego el continente y luego hasta lo último de la tierra.

Esto es lo que Pablo intimó, que edifiquemos el Cuerpo de Cristo (Efesios 4:12). Hoy no comprendemos de esa manera, que entre todos estamos extendiendo el mismo reino, sino más bien edificamos sin darnos cuenta de nuestros propios reinitos. Es una bendición que las líneas denominacionales se están borroneando y que nuevas coaliciones se van formando para enfrentar otros desafíos. Pero necesitamos reconocer que el reino de Dios es uno y el mismo entre todos, y sentarnos a planear cómo cubrir toda nuestra ciudad, provincia, país, continente y mundo –Jerusalén, Judea, Samaria y hasta lo último de la tierra.

Pablo también compara a la Iglesia con el Cuerpo de Cristo y dice a los corintios que era algo muy peligroso comer el pan y tomar la cena sin discernir el cuerpo y la sangre del Señor (1 Corintios 11:29). El pan en la cena del Señor significa que aunque somos muchos, todos somos uno (1 Corintios 10:17). La unidad nos ayudaría a edificar mejor y más rápido el Cuerpo de Cristo en cada región y en nuestra generación.

¿Cómo podemos edificar algo que no comprendemos constru-
yendo reinitos separados? Cuánto ahorraríamos siendo uno.
Cuando un creyente o pastor critica al otro, no discierne el
Cuerpo del Señor, es como un hombre con una cuchilla en su
mano tratando de cortarse el pie:

–Hombre, dígame, ¿qué está haciendo?

–Me estoy cortando el pie.

–¿Por qué?

–Porque este pie se paro encima del otro, y este me dijo que
lo cortara.

Sin duda que el pobre está loco. No tiene discernimiento
para darse cuenta de que ambos pies pertenecen al mismo
cuerpo. A veces ocurre que cuando uno está comiendo se
muerde la lengua. Pero eso no es una razón para arrancarse los
dientes. Aun cuando la lengua puede hablar, no pide que se
arranquen los dientes. Porque la lengua sabe que aunque los
dientes se portaron mal con ella, son del cuerpo, la lengua discierne el cuerpo.

¿Qué propósito nos anima cuando perseguimos y herimos
nuestro propio cuerpo? ¿Qué motivo nos impulsa a dañar y
dividir ese Cuerpo? La cena del Señor es para enseñarnos a
amar, respetar y edificar el Cuerpo de Cristo del cual usted y
yo somos miembros. *"Pues así como cada uno de nosotros tiene
un solo cuerpo con muchos miembros, y no todos estos miembros
desempeñan la misma función, también nosotros, siendo muchos,
formamos un solo cuerpo en Cristo, y cada miembro está unido a
todos los demás"* (Romanos 12:4-5).

El versículo 16 de Efesios 4 dice de Cristo: *"Por su acción
todo el cuerpo crece y se edifica en amor, sostenido y ajustado por
todos los ligamentos, según la actividad propia de cada miembro"*. Si los miembros no están bien "sostenidos y ajustados",

si son miembros independientes y sueltos, no son un cuerpo; si son ladrillos sueltos, no son un edificio. Si no se logra esta armonía y unión, no somos más que una gran variedad de extremidades desparramadas por doquier como los huesos secos de Ezequiel.

¿Quién es miembro de la iglesia hoy? Por lo general, todas las iglesias locales tienen tres requisitos para miembros:

• El miembro es uno que asiste a las reuniones
• El miembro sostiene la iglesia con sus diezmos y ofendas
• El miembro debe vivir en santidad

Si reúne estos tres requisitos, se lo considera como un buen miembro de la congregación. Es como un socio de un club: concurre, paga sus cuotas y se esfuerza por no desacreditar a su club. Cuando comenzamos a buscar estos requisitos de membresía en los Evangelios, en los Hechos y en las Epístolas, no los encontramos. Es más, no pudimos encontrar ni siquiera la palabra *miembro*. La palabra que encontramos y que revolucionó nuestra vida y congregación fue *discípulo*. Y al preguntarnos qué es un discípulo, ¡se abrió la caja de Pandora! Difería por completo de lo que es un miembro de la iglesia. Un discípulo es un alumno que aprende a vivir la vida del Maestro y que, poco a poco, enseña a otros a vivir la vida que él vive. Por lo tanto, el discipulado no es comunicación de conocimiento o información. Es formación de *vida*. Por eso, Jesús dijo: *"Las palabras que les he hablado son espíritu y son vida"* (Juan 6:63). En el discipulado, hay algo más que llegar a saber lo que sabe el maestro, es llegar a ser lo que él es. Por esta razón, la Escritura dice: *"hagan discípulos"*. Eso es más que *hablarles, ganarlos* o *enseñarles*. *Hacer* un discípulo es multiplicarse en otras personas.

Obviamente, el maestro debe ser un discípulo primero. A través de la enseñanza común, uno puede no hablarle a la esposa por una semana y a la vez estar dando un estudio bíblico sobre la familia. Pero cuando se hacen discípulos, no se puede actuar así. Los discípulos se hacen llevándolos a su casa y mostrándoles cómo usted vive para ser ejemplo. Jesús dijo a sus candidatos a discípulos: "Venid y ved".

Cuando fui por primera vez a EE. UU., me proveyeron un hermano que, con su auto, me iba a llevar en un largo viaje por California, Oregon, Washington y luego atravesaríamos el Canadá de oeste a este. Al subir al coche, me dijo: "Juan Carlos, he oído que eres un gran maestro; espero que podamos apartar un poco de tiempo cada día en este viaje para que me enseñes algo". Yo le contesté: "Si no aprendés nada estando conmigo en estos días, entonces no tengo nada para enseñarte". El discipulado, más que hablar, es vivir y enseñar a vivir a Cristo. La enseñanza tiene tres dimensiones: Información, formación y revelación. La revelación es algo que solamente Dios puede dar. Si yo le describiera a usted Río de Janeiro, el clima de la ciudad, la Bahía de Guanabara, el Pan de Azúcar, sus playas y otras cosas más en detalle, aun así usted no podría decir que conoce Río de Janeiro. Usted tiene información sobre Río de Janeiro, pero no la conocerá a menos que vaya y la experimente personalmente. De la misma manera, Dios debe revelarse a sí mismo a nosotros antes de que podamos conocerlo. Mi descripción de Río sería la dimensión mínima en la enseñanza. Así enseñamos en la Escuela Dominical y en la iglesia. Lo que se consigue por medio de la información es despertar el interés de la persona para querer experimentarlo, pero la información no es un fin en sí misma. Conocer y aprender de memoria las palabras de la Escritura no es suficiente. Eso es información, el grado mínimo en la enseñanza.

Jesús casi nunca utilizó este método. Nunca vemos a Jesús dando un estudio bíblico a sus discípulos. ¿Se lo imagina diciéndoles: "Bueno, no se olviden que mañana a la mañana comenzaremos con un devocional, de ocho a nueve. Luego estudiaremos los profetas menores. De las diez a las once, veremos los libros poéticos y desde las once hasta el mediodía, estudiaremos homilética y hermenéutica"? Sin embargo, Él entrenó los mejores ministros que el mundo conoció. ¿Puede oírlo diciendo: "Ahora vamos a estudiar el libro del profeta Jeremías: De acuerdo con la alta crítica, Jeremías es una figura mitológica, en realidad nunca existió. O si existió, no fue el autor del libro que lleva su nombre"? ¡No! Jesús fue sencillo, claro y concreto. Su enseñanza eran mandamientos concretos para hacer cosas.

Fui profesor de la epístola a los Romanos. Como para mí esa carta era muy importante, la enseñaba versículo por versículo. Tardaba todo un año para completarlo. Y cuando concluíamos, no sabía si alguien supiera el mensaje del libro, solo sabían que era un tema profundo. Supóngase que yo le escribo una carta a usted, diciendo: "Querido José, te estoy escribiendo desde Roma. Acabo de llegar aquí con mi esposa y mis hijos. Ya hemos tenido oportunidad de visitar el Coliseo, el foro romano, las catacumbas... etc.", una carta extensa como la epístola a los Romanos. Entonces usted anuncia el domingo siguiente en la iglesia: "Hermanos, hemos recibido una carta del pastor Ortiz desde Roma. Como es una carta muy profunda, la vamos a estudiar durante todo este año, cada jueves por la noche".

–Juan Carlos –dice usted– empieza su carta diciendo "Querido José". En griego la palabra querido se emplea para referirse a una persona amada. Se refiere a mí como a alguien amado. Puedo imaginarme al hermano Juan Carlos tomando la lapicera a bolilla y escribiendo la palabra querido con su corazón rebosando de amor. Su esposa, sentada a su lado, se une en su amor. Mis hermanos, cuando ustedes escriben sus cartas, ¿cómo las encabezan, pueden decir *querido* como lo dice Juan Carlos? Y cuando dicen querido, ¿realmente lo significa o es pura retórica? A partir de hoy, todos vamos a encabezar nuestras cartas como el hermano Juan Carlos, con la palabra *querido*. "Querido *José*", ¡me llama por mi nombre! Me conoce. Se interesa por mí como persona. ¿Y ustedes? ¿Llaman a las personas por su nombre de pila y les hacen saber que las tienen en cuenta? ¿O son un número en su lista de conocidos? ¿Acaso recuerda usted a todos sus amigos por nombre? ¿O tiene que consultar con su libreta de direcciones para recordarlo? *"Te estoy escribiendo…"* ¡Él mismo nos escribe de su puño y letra! No lo hace por medio de su secretario como hacen muchos... etc., etc. Bueno, esto es todo por hoy. La semana que viene continuaremos con la carta de Juan Carlos.

Al domingo siguiente:

–Te estoy escribiendo *"desde Roma"*. ¡Ah, la maravillosa Roma! ¡La ciudad fundada por Rómulo y Remo, que fueron amamantados por una loba! La ciudad capital del Imperio Romano, donde vivían los Césares que desde allí gobernaban el mundo. El imperio Romano que luego se dividiría en dos… Ahora seguiremos con el próximo versículo…

Así la congregación diría: "¡Cuánta profundidad posee nuestro pastor! ¡Puede hablar sobre un solo versículo por dos o tres semanas! ¡Increíble!". Al cabo de un año, habrá terminado la carta, pero nadie sabrá lo que yo escribí.

Y sin embargo muchas veces así enseñamos La Biblia. ¡Qué interesante será el día que lleguemos al cielo, y Pablo nos llame aparte a los pastores y nos diga: "Vengan aquí, tengo que hablar con ustedes. Quiero que sepan que yo *nunca* escribí lo que ustedes decían al enseñar mis cartas"!

Nos gusta impresionar a la gente con el cúmulo de conocimiento que tenemos acerca de un texto bíblico. Pensamos que de esta manera somos "profundos". Pero ¿entenderá alguno lo que estamos diciendo, recordarán de tanta información? Además ninguno toma notas, no tomamos asistencia ni exámenes. Por eso, la gente no crece. Nos ocupamos de *informarlos*, pero no de formar sus vidas, las cuales se forman a través de los mandamientos de Jesús. ¿Cómo? *¡Obedeciéndolos!* Jesús se ocupaba en formar la vida de sus discípulos. Aprendamos de Él a hacer discípulos.

6

Formación
de discípulos

Vayan más bien a las ovejas descarriadas del pueblo de Israel. Dondequiera que vayan, prediquen este mensaje: "El reino de los cielos está cerca". Sanen a los enfermos, resuciten a los muertos, limpien de su enfermedad a los que tienen lepra, expulsen a los demonios. Lo que ustedes recibieron gratis, denlo gratuitamente ... En cualquier pueblo o aldea donde entren, busquen a alguien que merezca recibirlos, y quédense en su casa hasta que se vayan de ese lugar. Al entrar, digan: "Paz a esta casa"

(Mateo 10:6-8, 11-12)

Jesús tenía la clave para formar discípulos. Él les dio órdenes concretas para *hacer* en lugar de información para oír. Los discípulos aprendían obedeciendo sus órdenes. No les predicó sermones inspiradores, sino simplemente les daba órdenes de cosas para hacer. Si Jesucristo es el Señor de nuestra vida, solo con una palabra de Él sería suficiente. No haría falta fondo musical ni mover las emociones, porque nosotros obedeceríamos. Jesús no les preguntó a los doce si les gustaría ir. No, Él ordenó *"vayan"*, y ellos obedecieron. Es así cómo se forman los discípulos. Si queremos formar vidas, tenemos que dejar de ser solo oradores y convertirnos en padres. Los oradores tienen oyentes, mientras que los padres tienen hijos. No se aprende oyendo, sino obedeciendo. ¿Qué sucede cuando el orador termina su plática? Sus oyentes le dicen: "Muchísimas gracias, pastor. Fue un sermón muy interesante". ¿Es eso todo?

Una vez que los setenta fueron y regresaron a Jesús, le contaron cómo los demonios se les sujetaban en su nombre. Jesús entonces les corrigió su error: *"No se alegren de que puedan someter a los espíritus, sino alégrense de que sus nombres están escritos en el cielo"* (Lucas 10:20). La siguiente vez, Jacobo y Juan querían que descendiera fuego del cielo sobre los samaritanos hostiles, *"pero Jesús se volvió a ellos, y los reprendió"* (Lucas 9:55). Así como hace un padre, los estaba formando. La represión, por supuesto hecha con amor, como un padre, es parte del proceso de formación en el discipulado.

Sin sumisión al Señor Jesucristo, no hay formación. Los miembros de iglesia estilo club nunca se someten, por el contrario, quieren que el pastor se someta a ellos. Porque en muchas iglesias se vota por los pastores como se vota para un presidente de un club. No debe ser una dictadura, sino como la sujeción de los hijos a los padres. Es durante el período de formación, hasta que cumplen la mayoría de edad, que se los educa, luego quedan libres, pero formados. Tampoco quiero decir que deben someterse a las ocurrencias del pastor, sino a los mandamientos que Jesús y sus apóstoles les dan por medio de los pastores. El pastor debe enseñarles a hacer todas las cosas que **Él nos ha mandado**. La Escritura es muy clara:

"Sométanse unos a otros por reverencia a Cristo" (Efesios 5:21). *"Obedezcan a sus dirigentes y sométanse a ellos, pues cuidan de ustedes como quienes tiene que rendir cuentas"* (Hebreos 13:17). La única manera en que podré formar la vida de mis cuatro hijos es si ellos obedecen. Imagínese el riesgo que correría cada vez que fuera necesario corregirlos, si salieran corriendo a buscarse otro padre diciendo: "No quiero ser más hijo de Juan Carlos Ortiz. Quiero tener otro papá que no me pida obediencia". Imagínese también que, cuando le hicieran la petición a otro hombre para ser su hijo, este le dijera: "¡Encantado! Pasa, aquí serás bien recibido". Si ocurriera esto, tendría que dejar de corregir a mis hijos porque no quiero perderlos. Los quiero y los *reprendo* por cuanto tengo la certeza de que, aun cuando no les guste que los reprenda, no se irán de casa porque ¡ellos saben que los amo mucho! En la iglesia, el pastor no puede formar vidas porque si se muestra demasiado rígido con alguno de sus hijos, correrán a otro orfanato. Pablo le escribió a Tito: *"Exhorta y reprende con toda autoridad. Que nadie te menosprecie"* (Tito 2:15). Primero hablar, segundo exhortar y tercero reprender con toda autoridad. Si no lo hacemos, tendremos hijos malcriados. Como la autoridad y maestro máximo nuestro es Jesús, quizá el grupo entero, incluyendo el "líder", deben obedecer lo que la lección que se estudia manda, y todos deben ayudarse los unos a los otros a cumplirla. No ser como los fariseos, que ponían cargas sobre otros que ellos ni siquiera tocaban con un dedo.

Podemos formar las vidas de nuestros hijos, porque nos obedecen. Cuando son pequeños, debido al amor, a las recompensas y a la disciplina, ellos nos obedecen. Gracias a eso podemos enseñarles a caminar, hablar, higienizarse, comportarse en la mesa, decir por favor, gracias, etcétera. Luego los mandamos a la escuela sin pedirles permiso, porque sabemos que es una parte importantísima de su formación. Cuando son mayores, ya han aprendido las ventajas de la disciplina, y ellos mismos se ponen metas y obedecen las reglas para el éxito. Sin obediencia, no hay desarrollo. Mis padres no me daban un sermoncito sobre el lavado de cabeza y luego me invitaban a que si quería lavármela, levantara la mano. ¡Me la lavaban! Si hubiera sido por mí, nunca me la hubiera lavado. No me predicaban sobre el inventor del jabón ni de qué elementos estaba compuesto, simplemente me jabonaban la cabeza, aunque a veces yo lloraba mientras me lo hacían. Ellos me estaban formando y lo lograron con éxito: ¡ahora me la lavo solo sin que me obliguen! Mis padres me daban una orden, yo la obedecía, y así mi vida fue formándose, a través de obedecer las órdenes que me daban. Me mandaban a hacer cosas concretas ¡tal como Jesús hacía con sus discípulos!

Todos tenemos que "someternos los unos a otros", "confesarnos unos a otros". Es impresionante la cantidad de veces que el Nuevo Testamento dice "unos a otros". Por eso, el que da órdenes a un discípulo debe estar también bajo autoridad. Todos somos responsables. Uno es responsable del otro. Yo debo corregir con amor a mi hermano, pero él también debe corregirme a mí con amor cuando yo estoy equivocado. Todos tenemos que tener alguien que pueda reprendernos cuando hacemos mal, de otra manera somos dictadores y tiranos. Además, aunque uno puede decir "yo soy discípulo de Juan Carlos", sin embargo, todos somos discípulos de Jesús. Es como decir "yo soy hijo espiritual del Pastor Ortiz"; realmente uno es hijo espiritual de Dios. Pablo llama a Timoteo "hijo", pero en realidad es hijo de Dios. Si usted puede reprender a su discípulo, ¿quién lo reprende a usted? Quien no está debajo de alguna autoridad, no tiene derecho a tener autoridad.

Un centurión romano le pidió a Jesús que sanara a uno de sus siervos. Jesús le dijo que iría y lo sanaría. Pero el centurión, quien entendía de autoridad por ser militar, y que notó cómo Jesús se sometía a Dios, le dijo: *"Señor, no merezco que entres bajo mi techo. Pero basta con que digas una sola palabra, y mi siervo quedará sano. Porque yo mismo soy un hombre sujeto a órdenes superiores, y además tengo soldados bajo mi autoridad. Le digo a uno: 'Ve', y va, y al otro: 'Ven', y viene. Le digo a mi siervo: 'Haz esto', y lo hace"* (Mateo 8:8-9). El centurión sabía que, para tener autoridad, había que estar debajo de autoridad. Yo no puedo crearla, Dios es la fuente de ella. *"No hay autoridad que Dios no haya dispuesto, así que las que existen fueron establecidas por él"* (Romanos 13:1). Imagínese que un cabo del ejército le dice al soldado raso que haga cierta cosa, y este la hace en el acto. El cabo entonces, muy entusiasmado, piensa: *"*¡Qué autoridad que tengo! Voy a renunciar al ejército y voy a crear mi propio ejército privado en mi barrio". Al llegar a su casa, le dice a un amigo: "¡Cuerpo a tierra!". Pero por supuesto, todos se le ríen en la cara. ¿Por qué? Porque la autoridad que él tenía en el ejército era la que le proporcionaba el estar sujeto al Sargento; y este, al Capitán; y este, al Coronel; y este, al General; y este, al Presidente de la República, que tenía a su vez que dar cuenta al Congreso. Al rechazar la autoridad que había encima de él, perdió la propia. El problema que tenemos en la iglesia es que queremos tener autoridad y seguir siendo independientes a la vez. Es imposible. No se puede ser independiente y a la vez tener autoridad. Si quiere tener ascenso sobre otros, tiene que estar usted también bajo autoridad. El subalterno tiene que saber a dónde dirigirse si necesita apelar a abusos cometidos por su inmediato superior. Esta es una orden de Dios y es eterna (1 Corintios 11:3). La fuente de autoridad es así: Dios – Cristo – el varón – la mujer – los hijos. La Iglesia Romana dice: Dios – el Papa – el Obispo – el Sacerdote – el Creyente. En la Iglesia Evangélica, nadie se sujeta a nadie. Un edificio existe cuando los ladrillos se sujetan unos a otros. Ladrillos independientes no forman un edificio.

El discípulo

Un cuerpo existe cuando los miembros se sujetan unos a otros. En el valle de los huesos secos, nadie se sujetaba a nadie, era una montaña de huesos sueltos. En La Biblia, se nos manda a sujetarnos a nuestros pastores y a todos los que están en autoridad. Es muy importante. La formación requiere no solo sumisión, porque para que esta sea verdadera, es necesario que haya sumisión de los unos a los otros.

¿Cómo se lograría esto en una ciudad, en una provincia, en un país? Aunque en algunas cosas no estemos de acuerdo con la Iglesia católica romana, ellos han logrado por lo menos la unidad. Todos se sujetan unos a otros, el creyente más débil se sujeta a su sacerdote y, a través de él, hasta al papa mismo. El papa afirma sujetarse a Dios. El hermano David Duplessis, líder evangélico sudafricano, que tuvo largas conversaciones con el papa Juan Pablo II, contó que aquel le dijo: "Cuando yo era un creyente y quería saber algo, le preguntaba al sacerdote. Cuando era sacerdote y quería saber algo, le preguntaba al obispo. Cuando era obispo y quería saber algo, le preguntaba al papa; ahora que soy papa, debo preguntárselo a Jesús". Yo sé que es un sueño irrealizable lograr esto entre los evangélicos y protestantes. Pero, por lo menos, deberíamos tender hacia esto. Los pastores deberíamos juntarnos en grupos en regiones de la ciudad, grupos quizá de diez o doce, y reunirnos a orar juntos para buscar la guía de la Cabeza de la Iglesia, que es Jesucristo. Cada uno de los miembros del grupo tendría que traer sus preguntas. Los creyentes de las iglesias se sujetarían a ellos, pero tendrían un grupo a donde acudir cuando tienen dificultades en la iglesia particular. No debería ser una dictadura, pero sí un lugar de consultas, por lo menos. Nosotros probamos esto en un grupo de unos treinta pastores en Buenos Aires y alrededores. Nos juntábamos todos los miércoles a orar y allí traíamos nuestras alegrías y tristezas, nuestros desafíos y aciertos. Como éramos de diferentes denominaciones, al principio enfatizamos una unidad espiritual, no dogmática. Fueron los años de pastorado más edificantes de la vida. Sin embargo, al correr del tiempo, esto que empezó con un movimiento del Espíritu, maravilloso, poderoso, amoroso y creciente, comenzó a caer en nuestras manos. Quisimos tomar las riendas nosotros, unificar la teología, las costumbres, las disciplinas, la moralidad, etcétera. Lo que empezó siendo unidad sin uniformidad, terminó siendo uniformidad sin unidad, y así algo que prometía bendecir al mundo quedó ahogado. Sin embargo, mucho de lo practicado en ese grupo, se practica ahora en muchas partes. Y tenemos que confesar que, en la actualidad, hay mucha más tolerancia y unidad que hace treinta años, no solamente en la Argentina, sino en el mundo. En aquella época, solo ese grupito de treinta tenía entre ellos pastores de todas las denominaciones, incluso sacerdotes católicos. Ahora este fenómeno se da en todo los países.

La misma Iglesia católica no es uniforme. Creo que los evangélicos podríamos llegar a una unidad basada en el amor. Una unidad que no reclame uniformidad. Los hijos se sujetan a los padres, pero al crecer, esa sujeción se va haciendo más elástica. Al desarrollar su propio cerebro y capacidad de aprender, los hijos se casan, tienen hijos y se independizan de los padres, aun manteniendo una conexión amorosa de amistad y la unidad de la familia. Pero el padre no se mete en los asuntos de la familia de su hijo a menos que lo llamen. Un padre que no afloja, que desea que sus hijos casados se sujeten como cuando eran niños, perderá la unidad familiar. Los hijos pueden mudarse a otro país, y aunque habrá lágrimas en los ojos de los padres, los dejarán ir y los seguirán amando y considerando de la familia. Se seguirán escribiendo, intercambiando correos electrónicos, llamándose por teléfono y visitándose cada tanto, pero no estarán bajo la pollera de la madre ni bajo el pantalón del padre. La unidad con uniformidad no es la voluntad de Dios, porque quita la creatividad, la investigación y la iniciativa. Siempre los reformadores de la Iglesia fuimos perseguidos y excomulgados. Antes los mataban. Ahora tenemos que seguir independientes, o los que no creemos en independencia, hacernos de otra denominación.

La palabra *miembro* está mal usada en la Iglesia, porque se le da el mismo sentido que miembro de un club, donde no existe ninguna clase de unión entre los concurrentes y menos de sumisión. La palabra que deberíamos usar es *discípulo* o aprendiz. Esto indica que una persona está conectada a un maestro. No hay discípulo sin maestro. En las Escrituras, la palabra miembro se usa para miembros de un cuerpo, por eso en muchas versiones en vez de miembro, se usa la palabra *parte* de un cuerpo.

Cuando decidimos cambiar la palabra miembro por discípulo en nuestra congregación de Buenos Aires, dimos primero un estudio de lo que era un discípulo y los requisitos que el mismo Señor pedía para aceptar a alguien como discípulo. Negarse a sí mismo, amarlo más a Él que a nuestro padre o madre, o esposa, o hijos, o hermanos, o tierras o posesiones. Esto nos impactó tanto que algunos no querían hacerse discípulos. Continué predicando el discipulado por un año y medio sin saber cómo empezar. Todos comprendíamos el concepto, pero la estructura de Iglesia era para ganar miembros y no para *hacer* discípulos. Por último, frustrado, dije: "Jesús escogió a doce discípulos y de allí empezó. Yo soy el pastor Juan Carlos Ortiz y debo pastorear a los *miembros* de mi Iglesia. Pero a la vez, en forma separada, voy a iniciar una congregación clandestina de discípulos, allí no seré el Rev. Juan C. Ortiz, ni el hermano Ortiz, sino simplemente *Juan Carlos*".

Así fue que el yo Juan Carlos comenzó su propia célula con los que de entre los diáconos se dejaron reclutar como discípulos. Por decirlo así, Juan Carlos robó los diáconos del club cristiano del Rev. Juan Carlos Ortiz y se dio a la tarea de *hacerlos* discípulos de Jesús. En esta nueva estructura, dejé de ser el Reverendo respetado y comencé a ser el Juan Carlos amado. Di mi vida a esos discípulos. Los serví. Nos hicimos amigos. Juntos fuimos al campo a orar. Comimos juntos, durmieron en mi hogar, y yo en el de ellos. Llegamos a ser una familia. La comisión directiva de la iglesia se transformó en una familia como Jesús y sus discípulos. Nos llegamos a amar tanto, que un día decidimos solemnemente poner la vida uno por el otro (1 Juan 3:16). Recién allí comprendí lo que dijo Jesús de su relación con la bienaventurada María: *"Pues mi hermano, mi hermana y mi madre son los que hacen la voluntad de mi Padre que está en el cielo"* (Mateo 12:50). Jesús no estaba bajando a María al nivel de los discípulos, sino subiendo a sus discípulos al nivel de María.

Al cabo de unos seis meses, más o menos –no tuvo lugar de la noche a la mañana–, todo el club empezó a notar cómo los que se transformaron en discípulos estaban interesados en amarlos, en ayudarlos, en compartir con ellos y aconsejarlos. Entonces les dije a "mis" discípulos que robaran cada uno unos miembros de la vieja iglesia y ellos mismos se dedicaran a discipularlos. Este proceso de hacer discípulos de todos los *miembros* de la iglesia, nos llevó casi tres años, pero este tiempo nos permitió transformar todo el club en una familia de más de mil quinientos discípulos. Así nacieron las células, porque el discipulado se hacía no en el templo, sino en las casas de los líderes, ya que el discipulado requiere que entreguemos al Señor también nuestra casa.

Durante el período de cambio, nuevas personas eran salvas en las células, pero no les permitimos que vinieran a lo que aún quedaba de la antigua iglesia al estilo club, para que no se arruinaran con la vieja estructura que estábamos procurando demoler. Con el tiempo, este club-iglesia se acabó. Al terminar cerramos el templo por un mes. Nos reuníamos por las casas, en un parque o en una sala alquilada, para ver si podíamos funcionar como la Iglesia primitiva, sin templo. Después de hacer esta prueba, con éxito, volvimos a él. Ahora, después de muchos años, estoy convencido de que no deberíamos haber vuelto al edificio. Deberíamos haber seguido por las casas y reunirnos en algún lugar cada dos o tres meses todos juntos y haber experimentado que tal como los primitivos, la Iglesia hubiera crecido mucho más en número y calidad, reuniéndonos por las casas, teniendo reuniones de líderes y reuniéndonos todos juntos en algún parque o salón grande alquilado según la necesidad. Creo que en pocos años, hubiéramos necesitado un estadio para las reuniones juntos. Mientras hicimos muchas cosas diferentes, por ejemplo, cerrar el templo, nos reunimos por las casas y los domingos íbamos a visitar otras congregaciones: católicas, bautistas y otras más. Cada uno de los discípulos tenía un grupo en un sector distinto de la ciudad. Cacho, por ejemplo, era mecánico de automóviles y tenía, en células que estaban a su cargo, unos trescientos discípulos. Pese a que trabajaba nueve horas diarias en el taller mecánico, aun así formaba las vidas de más personas que muchos ministros que dedicábamos todo el tiempo al ministerio. Cacho y sus discípulos fueron un domingo a una iglesia donde se congregaban más o menos cien personas. ¿Se lo imagina? ¡Trescientos visitantes!:

–¿De dónde vienen todos ustedes?

–Somos de la congregación del hermano Ortiz.

–¿Por qué han venido aquí?

–Vinimos para visitarlos.

–¿Y no han ido a su propia reunión?

–Bueno, no tuvimos reunión, porque cerramos el templo y venimos a visitarlos.

¿Se da cuenta? Con esta nueva estructura era posible hacer lo que antes hubiera resultado imposible. De ser necesario, en pocas horas se puede reunir a todo el cuerpo. Creo que es posible tener iglesias sin edificio. ¿No era acaso así en los dos primeros siglos? Los templos no deben ser un lugar donde los creyentes se aíslan del mundo. Jesús no dijo: "Pecadores, vengan a nuestros templos", sino a los creyentes: *"Vayan al mundo y hagan discípulos de todas las naciones"*. Los pecadores están muertos, perdidos, paralizados. Si no podemos movilizar a los creyentes, que se supone que están vivos, ¿cómo esperar que movilicemos a los inconversos para que vengan a salvarse? Nuestras células ya están en el mundo, viven entre los no salvados. Se reúnen en cualquier lugar, día y hora. Puede ser en una casa, en un parque, un restaurante o una playa. Algunos se congregan a las seis de la mañana. Otros a medianoche, porque la gente trabaja hasta muy tarde. Hay elasticidad. Los amigos, compañeros de trabajo y vecinos que no quieren saber nada de "ir a la iglesia", muy gustosamente irán a sus casas.

Con el tiempo, volvimos a emplear la palabra *miembro*, pero con una nueva connotación. Ahora esta palabra nos da la idea de cuerpo. Un miembro es:

1 No independiente. Es imposible ver que una nariz camine por la calle de por sí. El cuerpo tiene que estar ligado como tal. Si uno de sus miembros es independiente, no forma parte del cuerpo. Todos deben estar ligados a otros. Para eso, el amor es indispensable (Colosenses 2:19).

2 Un miembro es también una parte del cuerpo que une a otras dos. Como por ejemplo, el antebrazo une al brazo con la mano.

3 Un miembro nutre a otros. Recibe sangre del cuerpo y la pasa a los miembros que están debajo de él.

4   Un miembro también sostiene al miembro que está debajo de él a través de la coyuntura y de los ligamentos. Es muy difícil arrancar un miembro del cuerpo, porque está bien sujetado. Pero ¡cómo se nos pierden sin que nos demos cuenta los miembros del club-iglesia! ¿Es que acaso alguna vez su esposa, cuando usted regresó a su casa, le preguntó: "¿Dónde has perdido tu pierna derecha"? ¡Imposible! Nadie la pierde sin darse cuenta.

5   Un miembro es uno que trasmite órdenes. La cabeza da una orden a la mano, pero esta tiene que pasar a través de los otros miembros que hacen posible que la mano la reciba. La mano nunca se disgusta con el antebrazo ni le dice: "Me parece que voy a prescindir de ti y voy a conectarme directamente a la cabeza con un cable separado". No, no puede hacerlo porque el cuerpo es uno.

6   Un miembro es elástico. Los cuerpos son flexibles. Las organizaciones en cambio, son duras, se mueven como robots. Anteriormente, una persona que tenía una idea nueva o daba muestras de poseer un talento nuevo, por lo general tenía que salir de la iglesia para poder practicarlo, o lo hacían salir. Aquellos que tenían una visión debían unirse a grupos tales como Juventud para Cristo, Juventud con una Misión, Los Navegantes o algún otro grupo que le permitiera dar expresión a su visión. Pero cuando la Iglesia es un cuerpo de discípulos, es flexible como la familia. Hay sujeción y autoridad, pero al crecer los discípulos y tener relación e ideas nuevas, debe dárseles libertad. Cuando se vive en amor, siempre habrá consultas y se logrará crecer espiritualmente, en paz. La Iglesia está esparcida en todo lugar y tiene libertad para ser la sal de la tierra y la luz del mundo.

7

Las santas tradiciones

"¿Quién soy yo para pretender
estorbar a Dios?"

(Hechos 11:17)

Todavía recuerdo lo orgulloso que me sentí el día en que mi hijo mayor fue a la escuela por primera vez. Fuimos a uno de los mejores negocios para comprar el uniforme más durable. ¡Lucía tan lindo David! Pero a los seis meses, ya le quedaba chico. David había crecido... La experiencia nos ha enseñado a comprarles ropa no tan cara a los chicos, porque en unos pocos meses ya no les sirve más. Así ocurre con las estructuras. Nos sirven mientras todo se mantiene igual, pero cuando crecemos, la estructura ya nos queda chica. Así pasó en nuestra iglesia en Buenos Aires. Cuanto más crecíamos en el discipulado, tanto más comprendíamos que nuestras estructuras estorbaban el nuevo fluir del Espíritu. No era porque las estructuras estuvieran mal. No es mi intento menospreciarlas; eran muy buenas para ayer; pero hoy ya no nos servían. Nadie debe sentirse ofendido cuando hablamos de cambiar estructuras, porque quiere decir que nos estamos desarrollando, estamos creciendo. Si pudimos vivir años y años bajo las mismas estructuras es prueba de que no estábamos creciendo. A modo de ejemplo, le diré que en nuestra congregación se había usado el mismo himnario durante cuarenta años. Desde que Dios empezó a renovarnos, primero cambiamos de himnario por uno más centrado en Dios y luego hicimos el nuestro propio para mantener algunos himnos clásicos y agregar canciones nuevas. En total hemos renovado cinco veces las canciones. No tanto sacando, sino agregando.

El vino nuevo necesita odres nuevos. La diferencia no reside en el estilo; no es que un odre sea más atrayente o esté más de moda que otro. Los odres viejos no se descartan porque son viejos, sino que se los deja de lado debido a que el cuero se endureció. El odre tiene que ser flexible y elástico para acomodar el vino nuevo que se expande. Los viejos odres a los que se refirió Jesús en Mateo 9:17 son las antiguas estructuras tradicionales, que se endurecieron. ¡A veces preferimos ignorar o torcer partes de la Escritura, para guardar una tradición! Muchas veces chocamos con La Biblia para poder seguir nuestros paradigmas tradicionales.

Una vez le pregunté a un hermano católico:

–Dígame, ¿en qué lugar de La Biblia dice que se debe rendir culto a la bienaventurada Virgen María?

Este hermano fue muy sincero.

–Bueno –me dijo–, es posible que la Iglesia Católica haga demasiado énfasis con María, pero en La Biblia se la nombra, ¿no es cierto?

–Si –le contesté.

–Pero, por favor, ¿podría decirme en qué pasaje se encuentran las denominaciones que usted defiende con tanto celo?

Como puede darse cuenta, las denominaciones son nuestras tradiciones, pese a lo que diga La Biblia. Jesús tiene solamente una esposa, la Iglesia. No es polígamo, y sin embargo, nosotros decimos a la gente que, de alguna manera misteriosa, las denominaciones son parte de la voluntad de Dios. Lo culpamos a Él por nuestras divisiones, nuestra falta de amor. Y luego criticamos a los católicos por sus tradiciones. No deberíamos tratar de quitar la mota de los ojos de nuestros hermanos católicos hasta que quitemos la viga de los nuestros. Muchas cosas, como cerrar los ojos para orar, son tradiciones. La Biblia, sin embargo, nos muestra lo opuesto (Juan 17:1).

También he observado que La Biblia dice: *"El que crea y sea bautizado será salvo"* (Marcos 16:16). Nuestra tradición dice que el que creyere y fuere salvo, será bautizado después de unos meses de prueba. Antes de ascender a los cielos Jesús dijo: *"Por tanto, VAYAN y hagan discípulos de todas las naciones, bautizándolos en el nombre del Padre y del Hijo y del Espíritu Santo, enseñándoles a obedecer todo lo que les he mandado a ustedes"* (Mateo 28:19-20). Nuestra tradición nos dice que no hace falta discipularlos, que es suficiente con creer y seguir viniendo a las reuniones dominicales. Aun la "membresía" de la Iglesia, ¿dónde está en La Biblia este tipo de miembro? Miembro es uno conectado al cuerpo, miembros todos conectados unos con otros, no personas independientes que asisten a reuniones. Pablo lo dice muy claro: *"Todos fuimos bautizados por un solo Espíritu para constituir un solo cuerpo"* (1 Corintios 12:13). Los "miembros" de hoy son miembros de una organización o club de gente creyente, pero no están relacionados en amor como los miembros de un organismo. Hay muchísimas

Santas Tradiciones evangélicas. Las tradiciones y estructuras tienen tanta fuerza que he llegado a preguntarme si detrás de ellas no se ocultará algún espíritu. Contemplemos la fuerza de la tradición en una persona tan respetada como lo es el apóstol Pedro. Cuando Dios quería que fuera a casa del gentil Cornelio, le costó mucho convencerlo. Pedro había estado presente cuando Jesús dijo: *"Por tanto, VAYAN y hagan discípulos de todas las naciones, bautizándolos en el nombre del Padre y del Hijo y del Espíritu Santo, enseñándoles a obedecer todo lo que les he mandado a ustedes"* (Mateo 28:19-20). También lo había escuchado cuando mandó que fueran sus testigos *"en Jerusalén como en toda Judea y Samaria y hasta los confines de la tierra"* (Hechos 1:8). También había dicho: *"Y este evangelio del reino se predicará en todo el mundo como testimonio a todas las naciones, y entonces vendrá el fin"* (Mateo 24:14). Pero cuando llegó el momento de ser un testigo ante Cornelio, el centurión gentil, la tradición de Pedro tuvo más poder que todo lo que Jesús había dicho. El Señor entonces le mostró una visión de animales de todas clases, diciéndole *"mata y come"* tres veces, y las tres veces Pedro contestó: *"¡De ninguna manera, Señor! Jamás he comido nada impuro o inmundo"*, a pesar de que el Señor le decía: *"Lo que Dios ha purificado, tú no lo llames impuro"* (Hechos 10:14-15). Las tradiciones poseen un poder misterioso tan fuerte que su fuerza sobrepasa la fuerza de la Palabra de Dios. Es la tradición la que nos hace decir: "Señor, NO".

En las Escrituras, leemos acerca de la unidad del Cuerpo de Cristo y vemos a Jesús rogando al Padre para que seamos uno, sin embargo, justificamos nuestras denominaciones. La Biblia es nuestra regla de fe y práctica, siempre y cuando no entre en conflicto con nuestras tradiciones. Frente a la obstinación de Pedro, al Señor no le quedó otra alternativa más que decirle: *"Mira, Simón, tres hombres te buscan. Date prisa, baja y no dudes en ir con ellos, porque yo los he enviado"* (vv. 19-20). Pedro por fin se decidió a obedecer, aunque sea a eso. Los hombres le contaron la asombrosa visión que tuvo Cornelio mientras oraba, de cómo se le había aparecido un ángel y le había dado instrucciones precisas para encontrarlo a él en Jope. Pedro no tuvo otra alternativa que acompañarlos. Con todo, a cada paso, parecía "retobarse", como decimos los argentinos. Cuando llegó a casa de Cornelio, sus primeras palabras fueron: *"Ustedes saben muy bien que nuestra ley prohíbe que un judío se junte con un extranjero o lo visite"* (v. 28). ¿Qué diría usted si alguien viniera a su casa y le dijera esto? Sin duda que le mostraría la puerta. No es difícil imaginarse cómo se habrá sentido Cornelio. No solamente había invitado a sus amigos, sino que también habían venido a su casa todos sus parientes. Seguramente, les había dicho a sus invitados: "Hoy vendrá un verdadero hombre de Dios. Mientras estaba orando se me apareció un ángel y me dijo que lo mandara a buscar. Debe ser un santo, un varón perfecto que nos va a explicar los misterios del Creador".

Pero, he aquí que se presentó Pedro y, de entrada no más, los ofendió diciéndoles cuán abominable era para un judío acercarse a un extranjero, y que había venido porque Dios lo había obligado. Luego les preguntó: *"¿Para qué me hicieron venir?"* (v. 29). Todo un apóstol de Jesucristo ¡y no sabe lo que tiene que hacer cuando el Señor lo manda a casa de un inconverso! Un niño de pocos años de cualquiera de nuestras iglesias sabría qué hacer. En verdad, la pregunta de Pedro es tonta. Lo que esta pregunta quiere decir es que no está dispuesto a darles el mensaje. ¿Por qué? Por las tradiciones. Cornelio volvió a contar lo que le ocurrió, repitiendo lo que aquellos hombres que habían enviado a Jope le habían dicho a Pedro hacía solamente dos días. Pedro no tuvo otra alternativa más que predicarles. Les habló acerca de Jesús, de sus milagros, de su muerte y de su resurrección. ¿Llegaría Pedro a llevar adelante su mensaje y hacerles una invitación a estos gentiles para que se arrepientan y sean salvos? Seguramente, no. Por eso, Dios irrumpió antes que Pedro terminara su mensaje y se despidiera, y los llenó a todos del Espíritu Santo, tal como a los discípulos en Pentecostés. ¡Todos los que estaban en la casa empezaron a alabar al Señor y hablar en lenguas!

Luego Pedro se fue a un cuarto contiguo con los judíos que habían ido con él para discutir lo acontecido. Estaban en un problema: "Bueno, y ahora, ¿qué hacemos? ¿Los bautizamos en agua o no?". Los gentiles no tenían ningún problema. Disfrutaban del Espíritu y estaban dispuestos a hacer cualquier cosa que se les pidiera. Los tradicionalistas estaban confrontados con un gran dilema: ¡Sus tradiciones habían sido sacudidas! Después de deliberar por un rato, Pedro dijo:

–Me parece que tenemos que bautizarlos. Después de todo, si Dios los bautizó en el Espíritu Santo...

–Pedro, ¿qué vas a explicarles a los ejecutivos de la Iglesia cuando regresemos a Jerusalén?

–No sé, pero no puedo pensar en ninguna razón para no bautizarlos.

Cuando regresaron a Jerusalén, se encontraron con que las noticias ya habían llegado. Pedro entró donde estaban los otros ancianos, y uno de ellos le dijo:

–Hemos sabido que has estado en casa de un gentil y que además ¡has *comido* con ellos! ¿Es cierto eso?

Pedro comienza a relatar lo ocurrido:

–*"Cuando comenzó a hablarles, el Espíritu Santo descendió sobre ellos..."* (11:15).

–No, no. ¡No puede ser!

Las santas tradiciones

– "... tal como al principio descendió sobre nosotros".

– ¡Imposible!

– "Si Dios les ha dado a ellos el mismo don que a nosotros al creer en el Señor Jesucristo, ¿quién soy yo para pretender estorbar a Dios? (v. 17).

Preste atención a lo que dice la Escritura: "Al oír esto, se apaciguaron y alabaron a Dios diciendo: '¡Así que también a los gentiles les ha concedido Dios el arrepentimiento para vida!'" (v. 18). ¿Acaso no les había dicho Jesús que el evangelio era para "toda criatura", "todo el mundo", "todas las naciones", "hasta lo último de la tierra"? El poder de la tradición es aterrador. Dios no puede hacer muchas cosas por causa de nuestra esclavitud a las tradiciones. Jesús dijo: "Muchas cosas me quedan aún por decirles, que por ahora no podrían soportar" (Juan 16:12). Cada vez que Él quiere cambiarnos un poquito, nos escandalizamos. Nuestra mente es como esas mesitas pequeñas que solamente pueden sostener una lámpara o unos pocos libros. No es posible colocarle encima un refrigerador, porque se haría pedazos. Eso es lo que ocurre cuando estamos cerrados a todo aquello que no es lo tradicional, no recibimos algo que esté fuera de lo que estamos acostumbrados. Nos hacemos pedazos.

Recuerdo la primera vez que visité una iglesia de las Asambleas de Dios y me encontré con que la gente batía palmas: "Oh… qué gente tan mundana", pensé. Era algo que no podía aceptar. Oraban de pie, otra herejía, en mi iglesia siempre orábamos de rodillas. Lo mismo me ocurrió la primera vez que vi a algunos danzando delante del Señor. Oh… me escandalicé de veras. Mi tradición no me permitía aceptar eso. Y Dios nuevamente tuvo que mostrarme que Él había lo limpiado y que no tenía que llamarlo inmundo. ¿Recuerda el incidente de aquella mujer que se acercó a Jesús y rompió el frasco

187

de alabastro sobre Él? Los discípulos estaban sorprendidos. *"¿Para qué este desperdicio?"*, se preguntaban (Mateo 26:8). Jesús les respondió: *"Ella ha hecho una obra hermosa conmigo"* (v. 10). ¡Extraordinario! No se sintió molesto en lo más mínimo.

Debemos pedirle a Dios que refuerce nuestras "mesitas" para que podamos poner encima cualquier peso que quiera dejar caer sobre nosotros. Quiere cosas mayores en nuestros días, pero se contiene pues tiene miedo de aplastarnos. ¿Qué debemos hacer para experimentar la plenitud de la voluntad de Dios? Romanos 12:1-2 nos dice dos cosas. En primer lugar, que debemos *ofrecer nuestro cuerpo como sacrificio vivo, santo y agradable.* Un sacrificio vivo es de más valor que uno muerto, porque el sacrificio vivo tiene futuro. Dios puede hacer lo que quiere con él. En segundo lugar, debemos ser *transformados* por la renovación de nuestra mente. Debemos estar *preparados para el cambio.* Estar en la voluntad de Dios es estar siempre abiertos para el cambio. Algunas veces decimos: "Señor, muéstrame tu voluntad", pero si lo hiciera, no se notaría ninguna diferencia en nosotros. En ese sentido, somos como un tren que pide que le pongan un volante como a los automóviles. ¿Para qué? Si de todos modos no puede salirse de las vías. Las vías son nuestras tradiciones. "Señor, ayúdanos a hacer tu voluntad", decimos, pero las vías están fuertemente clavadas. En algunos aspectos, nos parecemos a los niños que suben a los autitos de la calesita o carrusel en el Parque de Diversiones. Dan vueltas al volante para un lado y para el otro, pero no obstante, el auto siempre sigue el mismo camino. Es así como somos en la iglesia. Predicamos y enseñamos, pero las cosas siguen igual.

8

Cambio de tradiciones

"A los ancianos que están entre
ustedes ... les ruego esto: cuiden
como pastores el rebaño de Dios que
está a su cargo, no por obligación ni
por ambición de dinero, sino con
afán de servir, como Dios quiere"

(1 Pedro 5:1-2)

Una vez que Dios empezó a renovarnos, fue necesario que cambiaran algunas de nuestras tradiciones. La democracia era una de las más poderosas. Comenzamos a ver que la Iglesia primitiva no era muy democrática. Los apóstoles predicaban el reino de Dios, algo más bien teocrático. Dios les revelaba lo que quería que ellos hagan y enseñen. Ellos también nombraban ancianos sobre las iglesias, y los ancianos obedecían a los apóstoles. Las cartas de los apóstoles eran, y son consideradas hasta hoy, infalibles. Aquella era una iglesia gobernada por la cabeza, no por los pies. El poder manaba desde arriba hacia abajo. La democracia es desde abajo hacia arriba. No existe el mínimo indicio de que Pablo dijera: "Timoteo, ¿sería posible que yo te interesara para que te ofrezcas voluntariamente para el ministerio? Nos gustaría muchísimo que te nos unieras, claro, si tú quieres". En Hechos 16:3, leemos: "Así que Pablo decidió llevárselo (a Timoteo)". Eso fue suficiente. Claro que Timoteo tenía la libertad de ir o no, pero si no iba, era por *desobediencia*. Adán y Eva tenían la facultad de decidir comer o no del fruto y decidieron comer, pero eso era *desobediencia*. Los apóstoles definían la doctrina. Por eso, se le llamaba "La doctrina de los Apóstoles". Ellos eran considerados la autoridad. Los problemas empezaron a aparecer cuando la iglesia teocrática perdió su carisma, su poder espiritual. Los dirigentes se volvieron más concientes del poder material terreno que de aquello que procedía de lo alto. Aunque mantuvieron la misma forma de gobierno, el espíritu no era el mismo. Eran como una lapicera sin tinta. Exteriormente seguían con autoridad, pero interiormente estaban vacíos del Espíritu Santo.

El papa siguió pensando que es infalible, y comprendo por qué. Después de todo, las cartas que había escrito Pedro, las de Juan y las de los otros, todas eran verdad infalible. ¿Por qué no debía continuar eso? Podría haber seguido, pero al faltar el carisma, la revelación divina celestial, la Iglesia pasó a ser algo peligroso en el mundo. Algunos de los hijos de la Iglesia, como por ejemplo Savonarola, Huss, Lutero y otros, se esforzaron por renovarla, pero ella rechazó el ministerio de estos hombres. Podrían haber traído nueva vida a la Iglesia católica, pero en vez de permitírselo, los arrojó fuera de su seno. Así ocurre cuando se tiene poder, pero falta revelación, sabiduría divina.

Así fue como las iglesias protestantes reaccionaron y se fueron a otro extremo, hacia la democracia. La democracia dio resultado por un tiempo, porque hizo posible que los llamados laicos una vez más estuvieran involucrados en la obra de la iglesia. Una vez más podían pensar, votar, trabajar. Pero esto no fue el remedio. En el período del oscurantismo, el papa se había convertido en el sustituto de la Palabra de Dios. Más tarde, entre los protestantes, el sustituto llegó a ser el voto de la mayoría. El pueblo no sabía con certeza lo que Dios quería decirles. Por eso, comenzaron a votar, y el que recibiera más de la mitad de los votos, debía ser aquel que Dios quería que los dirija. Pero, lamentablemente, la mayoría no siempre es dueña de la verdad. Fue la mayoría la que decidió hacer el becerro de oro, mientras el pueblo de Dios marchaba por el desierto. También fue la mayoría la que le dio las espaldas a Jesús después de las enseñanzas que les impartió y que se registran en Juan 6. Y en estos días, cuando Dios está restaurando ministerios y carismas, la democracia nos va a traer un montón de problemas. No me inclino por una forma de gobierno episcopal, pero tampoco puedo apoyar el gobierno democrático en la Iglesia; sin la revelación del Espíritu Santo, ninguno de los dos es bíblico. Es posible que si Dios envía un avivamiento, la gente dentro de una congregación regida por el sistema episcopal sea más receptiva, no lo sé. Ya están habituados a sujetarse a sus superiores; me pregunto, entonces, ¿qué es lo que pasaría si sus obispos estuvieran realmente en contacto con Dios? La cuestión del gobierno de la Iglesia ha sido largamente discutida a través de la historia y, personalmente, no creo que esto pueda solucionarse, por cuanto un gobierno de acuerdo a las pautas bíblicas no dará resultado en una Iglesia que no sea apostólica. Creo que está probado que, cuando todos mandan, las cosas no funcionan, es una anarquía. ¡Cuántos pastores con visión son paralizados por sus ancianos gobernantes! Lo mismo sucede con los obispos, si no tienen visión, la Iglesia se estanca. Quizá una combinación de las dos cosas sea conveniente, tener un líder tipo obispo, pero tener también un grupo de personas espirituales que le aconsejen antes de tomar una decisión. Y si el grupo es unánime en una decisión, el líder debe tener el derecho del veto. Es una opinión, no más. Pero, evidentemente, las estructuras de ahora requieren una revisión. Generalmente, las iglesias que crecen más son las que tienen un líder a quienes todos obedecen.

La Biblia se refiere a la Iglesia solamente en dos dimensiones: la universal y la local. La *Iglesia universal* es 'la Iglesia en toda la faz de la tierra', mientras que la *iglesia local* es 'la iglesia de una cierta localidad, pueblo o ciudad'. Sin embargo, desde los tiempos en que se inició la llamada Iglesia protestante, hemos tenido una nueva clase de iglesia, que no es ni universal ni tampoco local: es la denominación. Las denominaciones son más que locales, pero son menos que universales. Estas han tratado todo tipo de gobierno que uno pueda imaginarse, desde las más rígidas formas episcopales a la derecha, las presbiterianas en el centro y la congregacional a la izquierda. Y con todo, no ha sido posible hallar una solución. ¿Por qué? Porque no es posible poner repuestos *Ford* en un *Chevrolet*. Para el chevy es necesario usar repuestos *Chevrolet*. Las denominaciones no son como fue la iglesia local en tiempos neotestamentarios, y por lo tanto, ninguna estructura de la Iglesia de aquellos tiempos se puede aplicar a la Iglesia protestante hoy.

En una ocasión, visité Ecuador y vi las grandes y dulces bananas que crecen allí. Admirado pregunté:

–¿Sería posible llevar algunas de esas plantas a mi casa en Buenos Aires? Los plátanos o bananas en mi país son muy pequeños.

Alguien me contestó:

—A decir verdad, no le serviría de mucho, porque en la Argentina hace demasiado frío para producir bananas tan grandes como estas. Para que dieran allá bananas de este tamaño, sería necesario que además de la planta se llevara nuestro suelo, nuestra lluvia, nuestra temperatura, es decir, tendría que llevar todo el Ecuador a su país.

Lo mismo nos pasa a nosotros. Hicimos un viaje a la Iglesia primitiva y descubrimos el bautismo en el Espíritu Santo, y tratamos de transplantarlo a nuestra iglesia sin traer el mismo clima de obediencia a los apóstoles, de amor mutuo y de discipulado allí reinante; por eso acabamos con resultados no mucho más grandes. El Espíritu Santo es el mismo de antes, pero ahora parece estar diluido en la desobediencia y en la falta de compromiso y de amor. No es posible contar con una forma de gobierno como en la Iglesia primitiva, en donde los apóstoles no tengan la autoridad que da el poseer el poder del Espíritu Santo. Ellos llagaban a un lugar, imponían las manos, la gente se sanaba, efusionaba el Espíritu Santo, discernían espíritus, tenían palabra de sabiduría y ciencia, operaban el don de profecía, etcétera. Estos no necesitaban una credencial escrita de una denominación. Pablo dijo: *"Si Dios quiere iré a visitarlos muy pronto, y ya veremos no solo cómo hablan sino cuánto poder tienen esos presumidos. Porque el reino de Dios no es cuestión de palabras sino de poder"* (1 Corintios 4:19-20). ¿Cómo podemos reconocer a los que dicen ser apóstoles y no lo son? Por las credenciales divinas, que son el poder, la virtud, el fruto del Espíritu Santo, no los hermosos sermones. Pero claro, cuando falta la autoridad, el carácter divino y el fruto del Espíritu en los líderes, quizá el voto democrático es mejor.

¿Qué es la iglesia bíblica? La iglesia de la localidad y la Iglesia universal. En realidad, la Iglesia católica romana se parece más, en cuanto a estructura, a la Iglesia apostólica. La iglesia de cada área es una sola. No hay tal cosa como dos, tres o diez iglesias, la iglesia es una, igual que Dios mismo. La Iglesia católica es como un gran congelador que tiene muchas cosas antiguas buenas, pero congeladas *según nosotros*. Una de ellas es el principio de la iglesia local. Para ellos no existen las iglesias bautistas, o presbiterianas, un montón de diferentes denominaciones en la misma localidad. El católico cree que hay una sola iglesia en cada región, la iglesia local de Buenos Aires, de Rosario, etcétera. La llaman la diócesis. Todas las parroquias de un área forman una diócesis o Iglesia. El obispo es el pastor de toda la diócesis, y los sacerdotes de las parroquias son el presbiterio o los "ancianos de la iglesia". Toda la región tiene un obispo, o sea el pastor de la iglesia local, desparramada a través de sus parroquias con uno o más ancianos (sacerdotes) sobre cada una. La iglesia en toda una región es una. Lo mismo sucede con las Iglesias protestantes clásicas o tradicionales. Quizá la Iglesia evangélica debería tender hacia la unidad en cada región. Sin dejar sus denominaciones, podrían juntarse en una unidad espiritual y voluntaria con el propósito práctico de la evangelización y del discipulado, aceptando las diferencias teológicas.

Cuando Dios se le manifestó a Moisés en la zarza ardiendo, Moisés quiso saber el nombre de quién se le había aparecido. En esencia, Dios le dijo: "Moisés, vienes de Egipto, allí hay muchos dioses, y necesitas nombres para identificarlos. Pero realmente hay un solo Dios, por lo tanto, como no hay más que uno, no necesito nombre. Yo soy el que soy, y no hay otro aparte de mí. Yo soy el que soy. Yo soy el único". Sin embargo, Moisés insistió: "Pero cuando vuelva a Egipto y me pregunten qué Dios me envía ¿qué les diré?". "Diles *Yo soy* me ha enviado a ustedes". ¡Qué nombre tan extraño!

Exactamente igual ocurre con la iglesia. Con frecuencia la gente me pregunta:

–¿A qué iglesia pertenece?

–A la Iglesia –le respondo.

–¿A cuál?

–Pues a la Iglesia.

–Vamos, vamos. Usted sabe bien lo que quiero decir. ¿A qué iglesia pertenece usted?

–A la que ES.

Hay una sola Iglesia. En tiempos del Antiguo Testamento, no había que pensar en un nombre para la iglesia, porque había solamente una. Solo hay una iglesia en cada localidad, partida en pedazos. Es necesario que veamos cómo podemos volver a unirlos. Sería bueno que subiéramos a la terraza del edificio más alto y dijéramos: "Señor, muéstrame la Iglesia en esta ciudad tal como tú la ves". ¡Qué miopes somos! Pensamos que Dios desde el cielo mira nuestra congregación por medio de un estrecho tubo y dice: "¡Qué hermosa se ve la iglesia de Juan Carlos Ortiz! ¡Qué lindo órgano compraron!... ¡Ah, qué preciosas alfombras tienen ahora!". No, Él mira y llora. A través de sus lágrimas, dice lo que dijo Jesús cuando lloró por Jerusalén: "*¡Cuántas veces quise reunir a tus hijos, como reúne la gallina a sus pollitos debajo de sus alas, pero no quisiste! Pues bien, la casa de ustedes va a quedar abandonada*" (Mateo 23: 37-38).

Para Dios los diferentes pastores de la ciudad son presbíteros o ancianos copastores de su única Iglesia. Si son copastores, deberían reunirse, tener confraternidad, amarse los unos a los otros. Casi tendrían que vivir juntos como los doce pastores de la iglesia de Jerusalén lo hicieron mientras estaban allí. Son el presbiterio de la ciudad, los ancianos a cargo del rebaño de Dios. En la visión que tuvo Juan, según podemos apreciar en el capítulo uno de Apocalipsis, Jesús es la cabeza que caminaba en medio de los candeleros (las iglesias). Una iglesia en cada localidad distinta; su nombre era el nombre de la localidad, y se reunían por las casas y en cualquier lugar. La iglesia local era bastante independiente, pero también interdependiente, unida por el apóstol de la región. Por eso, podían adaptarse a las necesidades locales, de manera en que la iglesia de Jerusalén se desarrolló de una forma y la de Antioquía de otra. Ellas eran diferentes en teología, mucho más diferentes que la católica y la evangélica. Pero todos estaban bajo el señorío de Jesucristo a través de la dirección de los apóstoles y ancianos; el reino de Dios tiene que ser llevado a cada lugar, y las iglesias deben estar interrelacionadas espiritualmente. Aunque la iglesia de cristianos judíos y la de los gentiles tenían diferente teología, estas últimas ayudaban económicamente a las otras. Había interrelación sin necesidad de uniformidad.

¿Es este un concepto extraño para nosotros? ¿Una amenaza para nuestras tradiciones? Es cierto que no podemos terminar con las denominaciones mediante un chasquido de nuestros dedos. Sin embargo, no debemos permitir que esto nos impida discernir el verdadero Cuerpo de Cristo en cada localidad y responder al deseo más caro de nuestro Señor: *"Que sean uno"*. La santa tradición protestante no debe interponerse en el camino de nuestro crecimiento hasta llegar *"a la unidad de la fe y del conocimiento del Hijo de Dios, a una humanidad perfecta que se conforme a la plena estatura de Cristo"* (Efesios 4:13). ¡Y para eso estamos los pastores! (Efesios 4:11-16).

9

Después del domingo
por la mañana

*"Por tanto, VAYAN y hagan
discípulos..."*

(MATEO 28:19)

¿Cómo hacer discípulos? No es cuestión de poner en práctica esto mecánicamente sin haber sido renovado por el Espíritu Santo. Tratar de poner en práctica la mecánica del discipulado sin la vida del Espíritu nos frustrará, y puede llegar a ser puro legalismo. Es necesario que la congregación experimente una renovación de la mente y un deseo de transformación en cuanto a su relación con Jesús como discípulo. Hay que comprender que Jesucristo es Señor y amigo: *"Ya no los llamo siervos ... los he llamado amigos"* (Juan 15:15). La relación Señor-siervo habla de compromiso y obediencia, la relación de Amigo-amigo nos indica que es una relación de gracia, no de ley, es una amistad voluntaria y profunda de amor. La relación de Amigo-amigo requiere más que la relación Señor-siervo, porque es un servicio por amor. Uno tiene más obligación con un amigo que con un patrón. Porque la relación amigo-amigo está basada en el amor. A estas cosas me he referido en la primera parte de este libro. Toda relación en la vida cristiana es por amor; cuando hay amor a Dios, al hermano y al prójimo, todo es fácil (ver Romanos 13:8-10). Entonces va a ser más fácil emplear las "mecánicas" que usaba Jesús, y luego sus apóstoles, porque no eran forzadas, sino motivadas por el amor. Sin vino nuevo, no haría falta nuevos odres. Lo primordial es conseguir el vino nuevo; después ocuparse de las estructuras para mantenerlo. La metodología no la recibimos por la lectura de un libro o en un aula. Surgieron de haber *vivido* junto con otros pastores una experiencia de frustración con el estado de nuestras congregaciones, surgieron de un sentimiento de crisis. Comenzamos los cambios casi sin pensarlo, queríamos ensancharnos lo más posible para llenarnos de ese vino nuevo. Así empezó la transformación.

El discipulado tiene que comenzar con los pastores. Si, como dije en el capítulo anterior, los pastores no se reúnen ni se ven a sí mismos como los ancianos de la única iglesia de Dios en su ciudad, nunca estarán capacitados para hacer discípulos de su gente. Es una tarea nueva que requiere continua consulta con otros pastores maduros. El discipulado, en general, no puede comenzar de abajo hacia arriba, sino de arriba hacia abajo. A fin de hacer discípulos, nosotros, los líderes *tenemos* que ser discípulos primero. El discipulado no es una enseñanza que se presenta en un aula, sino una *vida* que se vive delante de los discípulos. *"Sed imitadores de mí como yo soy de Cristo"* es el lema. Ningún pastor debe pensar que, valiéndose de sus viejos sermones, podrá hacer discípulos; es imposible. Tampoco es dar estudios bíblicos, al estilo tradicional, sobre el discipulado. No es escuchar lecciones de piano, sino sentarse al piano y mover los dedos sobre las teclas. Es experimentar, es hacerlo nosotros primero para luego transmitir una experiencia y no palabras, síntesis y no tesis.

Dios muestra su voluntad a un grupo de ministros que esperan delante del Señor, oran juntos y se aman unos a otros (ver Hechos 13:1-3). Necesitamos que Dios nos revele su voluntad para la ciudad o la región. Si los pastores no nos sometemos unos a otros, ¿cómo podemos esperar que los discípulos lo hagan? Si los pastores no nos amamos los unos a los otros ni nos ayudamos mutuamente, ¿cómo se nos ocurre que los discípulos lo van a hacer? Ver a los pastores unidos, viviendo lo que les enseñan, amándose, ayudándose, respetándose y consultando sus dudas será una garantía de que Jesús es la cabeza, y que los discípulos no se estarán sometiendo a líderes abusivos, porque ellos también tienen a quién responder. Por no haber un grupo a quien cada pastor debe dar cuenta, hay muchos abusos, como el culto a la personalidad del pastor, los pastores astros de televisión, el comercio con libros, discos y casetes, que enriquece desmedidamente a los líderes, abuso de prácticas y doctrinas exageradas tomadas de los pelos de las Escrituras. No es saludable para ninguno correr solo. No debería haber "llaneros solitarios" en la Iglesia. Los pastores mismos deben ser discípulos y sujetarse unos a otros en amor. Además tenemos la ayuda de los errores del pasado de muchos de nosotros, para amarnos unos a otros y respetarnos unos a otros. La falta de respeto a las diferencias ha sido causa del enfriamiento del amor. Yo era un pentecostal muy convencido de que los bautistas, presbiterianos, hermanos libres, católicos, anglicanos, adventistas y otros no tenían nada para enseñarme. Creía que ya tenía el "Evangelio completo". Pero cuando nos juntamos por primera vez allá por el año 1967, con pastores de todos estos grupos, empecé a darme cuenta de que mi congregación y yo teníamos muchísimo que aprender todavía.

Todos juntos nos enriquecimos mutuamente compartiendo nuestros ministerios. El primer grupo fue de unos veinticinco pastores más o menos. Este grupo llegó a ser una de las células madre de Buenos Aires. Y así comenzó un discipulado que hizo maravillas con nosotros y con nuestros creyentes. Antes de escoger a sus doce discípulos, Jesús ayunó cuarenta días primero y, el día antes, oró toda una noche (Lucas 6: 12-13). La elección de discípulos es un asunto espiritual que no debe hacerse a la ligera. Y las células comenzaron a multiplicarse. Cuanto más adelantábamos, tanto más esencial se hacía el señorío de Cristo y la necesidad de consultar unos con otros. El movimiento de renovación de la Argentina parecía que llegaría a ser un paradigma para el mundo. Y definitivamente, influenció a todo el país, a América Latina, a los Estados Unidos y al mundo. Este primer grupo de pastores fuimos invitados de todos lados, literalmente, y hoy en todas partes se habla del discipulado, cuando todavía en los círculos tradicionales, "discipulado" parece una mala palabra. Sería bueno que personas especializadas, algún historiador, entrevistara a cada uno de los pastores que formamos parte de este primer "presbiterio interdenominacional" en Buenos Aires, que funcionó maravillosamente por unos años, para averiguar por qué luego terminó deshaciéndose.

Cada discípulo que discipula a otros debe recibir y dar cuentas a un líder o discípulo más avanzado. Es decir, estar conectado a otros creyentes por arriba, por abajo y por los costados, tal como los ladrillos de un edificio. En esta nueva edición, quiero ser un poco más específico, porque en la primera estábamos todavía ensayando, aunque ya nos deslumbrábamos con los resultados.

Cada discípulo es un sacerdote. Esto fue el gran descubrimiento de la Reforma. Como sacerdote debe delinear su parroquia. Las parroquias antiguas eran geográficas. Ahora con el pluralismo, en la misma localidad hay diferentes grupos étnicos, religiosos, subculturas, alcohólicos, homosexuales, adictos a pornografía, droga, chicos de la calle, pordioseros, ladrones, etcétera. Uno debe tener una metodología diferente para cada grupo, aunque con el mismo propósito: ser un discípulo de Jesucristo.

En términos generales, la parroquia de cada creyente que se reconoce sacerdote está formada así:

• Su familia

• Sus familiares

• Sus vecinos

• Sus amigos

• Sus compañeros de trabajo

• Sus compañeros de escuela

• Sus enemigos

¡Esto puede sumar un número entre treinta y sesenta personas!

El discípulo hace una lista con todos los nombres de los que componen su parroquia. Debe orar por ellos todos los días por nombre y declararlos "prediscípulos de Cristo".

A medida que va orando uno por uno, va pensando qué método de aproximación puede usar para cada diferente persona. El mejor es el amor. Si uno se "enamora" de un prójimo, buscará contactarlo, le hará favores, etcétera. Hable con ellos, pero antes de hablarles de Jesús, haga *"brilla su luz delante de todos, para que ellos puedan ver las buenas obras de ustedes y alaben al Padre que está en el cielo"* (Mateo 5:16). Nada habla más fuerte que la amabilidad, la bondad, el amor, el gozo, la paz. Si un compañero de trabajo se enferma, visitarlo, ayudarlo, suplir sus necesidades es testificar, no solo hablarles. Lo que demuestra que somos discípulos de Cristo es que somos como Él. Por ejemplo, uno que va a la escuela, ayuda a alguno de sus compañeros que saca bajas notas yendo a la casa a hacer los deberes con él. Así toda la familia del compañero estará impresionada. El momento llegará para decirles que es Dios quien nos manda amar al prójimo como a nosotros mismos.

A medida que prediscípulos se convierten a Jesús, comenzamos a formar una célula con ellos que se reunirá en nuestra casa. Ahora dejaron de ser prediscípulos y son NUEVOS DISCÍPULOS, y el líder se transforma en "anciano de casa". Primero debemos evangelizarlos enseñándoles sobre el amor de Dios, su perdón y la conversión del mundo a Dios. Luego de dos o tres meses, después que están seguros de su salvación y de comprender lo esencial de la gracia de Dios, hay que comenzar a enseñarles la "doctrina de los Apóstoles", que son los mandamientos de Jesús y de sus apóstoles. Jesús dijo que debíamos hacer discípulos enseñándoles a que guarden todo lo que Él mandó. No se trata de estudios bíblicos, sino de tomar un mandamiento y discernir juntos cómo ponerlo en práctica en la vida. Nunca se debe pasar a un nuevo mandamiento hasta que el anterior haya sido practicado. Cada lección o mandamiento puede llevar varias semanas hasta que es integrado en la vida de los discípulos, esto los hará crecer rápidamente. Estos creyentes nuevos que comienzan a "obedecer a Jesús", se los llama DISCÍPULOS FIELES.

Cuando ellos forman su parroquia y comienzan a ganar a sus parroquianos para Cristo y reunirlos en células en su casa, se transforman ellos en "ancianos de casa". Y al discipulador de estos que van formando sus grupos se lo llama "anciano de grupos". Al seguir creciendo, el de más arriba se transforma en "anciano de región". Como ven, los ancianos no llegan a serlo por el voto de la congregación, sino por su funcionamiento como tal. La palabra *anciano* quiere decir 'sobreveedor'. El que no está sobre viendo a nadie no es sobreveedor. El que dirige varios grupos es un sobreveedor de casa, de grupos, de región. Si los grupos se siguen multiplicando, el líder se transforma en "anciano del sínodo", que junto con los otros ancianos de regiones dirigirán la obra en toda la provincia o la nación.

Todo esto se fortalece con retiros de la célula, retiro de un grupo de células, retiro de una región, etcétera. En los retiros, se comparte la visión y se impone las manos para que el Espíritu Santo se manifieste en plenitud en cada discípulo. En el discipulado, todos crecen, todos pueden ser líderes de un grupo pequeño, luego pueden ser capacitados para dirigir un grupo de líderes de otros grupos. Todo esto se hace muy atractivo y ubica a cada nuevo convertido en un lugar activo del Cuerpo de Cristo. Estos creyentes no se pierden ni nadie los puede robar, son como los ladrillos en un edificio. Todos están activos y ocupados en la expansión del reino de Dios. Según como trabajan, irán aumentando su responsabilidad. Cuando llegan a tener unos 200 en su línea de grupos, pueden llegar a ocuparse a tiempo completo del ministerio con los diezmos y las ofrendas de su grupo. Cuando un discípulo está comprometido con el Señor, le entrega su vida, su casa, su auto, su tiempo, sus diezmos y sus ofrendas, y comienza a buscar "*primeramente el reino de Dios*". Todas sus celebraciones, cumpleaños, aniversarios, son centrados en el reino. A la celebración, invitará a sus vecinos, compañeros de trabajo y amigos inconversos. También entre todas las células pueden alquilar un salón de fiestas y organizar banquetes anuales, muy elegantes, para invitar a sus patrones, médicos, profesionales, políticos y ganarlos para Cristo. El amor de los grupos los impactará, y se sentirán cómodos entre creyentes. No debe ser un culto, sino una fiesta cristiana, con un testimonio poderoso de cambio de vida, música por profesionales y un mensaje explicando quiénes son los que organizan el banquete. Los que invitaron a las visitas luego serán invitados por ellos a sus casas. Todo esfuerzo debe tender a discipular a los creyentes y a atraer a los no creyentes para ser discipulados.

Biológicamente, una *célula* es una micronésima parte de nuestro cuerpo. El estudio de la célula en el cuerpo humano es fascinante. Cada una tiene la información total sobre nuestra persona, el ADN o genoma. La célula es la unidad de la vida. Con una comienza la vida del feto en el seno de la madre. Mientras las células se multiplican saludablemente, crecemos y nos mantenemos enérgicos; cuando las células comienzan a multiplicarse menos, comenzamos a envejecer y luego a morir. Las células se multiplican dividiéndose continuamente.

En el Cuerpo de Cristo, la célula es un microcosmo de la Iglesia. Es el grupo más pequeño, pero que contiene todo el ADN de ella. Es la Iglesia en su expresión más pequeña, pero es Iglesia, tal como lo dijo Jesús: *"Donde dos o tres se reúnen en mi nombre, allí estoy yo en medio de ellos"* (Mateo 18:20). Así como la familia es la célula de la humanidad, la célula es la unidad familiar de la Iglesia. El número de miembros de una célula puede ser calculado de muchas maneras. Jesús tenía una congregación de doce y muchos otros bien cercanos, como María Magdalena, su propia madre María, sus hermanos y seguramente algunos primos. Pero Él era soltero. Supongo que, aunque los discípulos directos eran doce, había discípulas mujeres casi tan cercanas como los varones. Imagino que cuando Jesús daba algún discurso especial, tenía unos treinta o cuarenta que lo escuchaban. En el aposento alto, donde fueron los más cercanos a Jesús, había 120 que se los define como *"Pedro, Juan, Jacobo, Andrés, Felipe, Tomás, Bartolomé, Mateo, Jacobo hijo de Alfeo, Simón el Zelote y Judas, hijo de Jacobo.*

Todos, en un mismo espíritu, se dedicaban a la oración, junto con las mujeres y con los hermanos de Jesús y su madre María" (Hechos 1:13-14). También había otros que no se mencionan en estos versículos, pero que luego se mencionan como discípulos: *"a José, llamado Barrabás, apodado el Justo, y a Matías"* (v. 23). Estos también eran discípulos porque se dice de ellos: *"...nos acompañaban todo el tiempo que el Señor Jesús vivió entre nosotros, desde que Juan bautizaba hasta el día en que Jesús fue llevado de entre los muertos"* (v. 21). Evidentemente, estos 120 eran el grupo más íntimo del Señor. Por eso, no creo que debamos idolatrar un número de discípulos para cada persona. Digamos que cada uno tenga el número que pueda discipular bien. Generalmente, en mis células, mi esposa me ayudó con las esposas de mi grupo. A veces los hijos del líder ayudan con los hijos de los discípulos.

Los miembros del grupo deben ser estables. El de Jesús era estable, no era un entradero y salidero como en la iglesia, que aunque tenemos mucha gente nueva entrando, perdemos a la vez muchos otros. Jesús dijo: *"Mientras estaba con ellos, los protegía y los preservaba ... y ninguno se perdió sino aquel que nació para perderse, a fin de que se cumpliera la Escritura"* (Juan 17:12). En la célula, no se cambia de gente, no es un entradero y salidero. Sino un grupo estable que hace un pacto como de casamiento. Normalmente, solo se repone uno que se muda o se muere, pero se procura reponerlo con alguien que haya sido bien cercano y que esté a la misma altura de crecimiento que el resto, si no atrasará al grupo. Cuando repusieron a Judas Iscariote, estas eran las condiciones: *"Por tanto, es preciso que se una a nosotros un testigo de la resurrección, uno de los que nos acompañaban todo el tiempo que el Señor Jesús vivió entre nosotros, desde que Juan bautizaba hasta el día en que Jesús fue llevado de entre nosotros. Así que propusieron a dos: a José, llamado Barsabás, apodado el Justo, y a Matías"* (Hechos 1:21-23). ¿Por qué? Porque el secreto de la célula es el crecimiento espiritual. Los discípulos del grupo deben seguir creciendo juntos. Si siempre entran nuevos, entonces tenemos que repetir lo que ya hemos aprendido, y el resto pierde tiempo en su crecimiento. Claro, al principio hay un período donde se puede agregar algunos, pero al pasar más allá del número ideal, debemos dividirlo en dos; y esos dos, al crecer y pasar el número ideal, se divide en otros dos. Así van creciendo.

En las células, también se practica la ayuda mutua. Pero hay que seguir la regla de enseñar a pescar en vez de dar pescados. Si las células funcionan por las casas y alquilan lugares cada tanto para reuniones todos juntos, porque no tienen edificios propios que mantener, ahorrarán mucho dinero. Ese dinero puede usarse para sueldos a los líderes de más de 200, para preparar las fiestas para invitar a inconversos, para ayudar a los creyentes a estudiar, a conseguir mejores trabajos, a poner sus propios negocios o empresas, de las cuales van a diezmar, y para dar becas a estudiantes sobresalientes con el fin de que brillen para Cristo en puesto altos de empresas y de gobierno. Algunos pastores se envuelven demasiado en la política para conseguir justicia social, pero me alarma cuando no pueden conseguirla en su propia congregación. Los políticos quieren traer la justicia social aumentando los impuestos y sacándole al rico para darle al pobre, en otras palabras, hacer caridad con dinero ajeno. En las células, debemos practicar la caridad y enseñarla a otros. Debemos llegar a ser una comunidad deseable, solo así seríamos invitados a entrar en la política. Si entramos, que sea dándole la gloria a quien le corresponde, al Señor. Es necesario que comencemos en el lugar donde nuestra palabra será escuchada y obedecida, en nuestra iglesia. Tenemos que empezar con aquellos que llevan una Biblia debajo del brazo. Son ellos los que quieren, antes que nadie, erradicar la injusticia social entre sus propios creyentes. A veces preferimos ir a gritar a la calle que poner nuestra mano en el bolsillo para ayudar a un hermano. ¿Es posible que un hermano en la congregación pueda tener tres televisores, mientras que otro no tiene siquiera una cama? ¿Es posible que un creyente tenga dos automóviles, mientras que otro tiene que caminar veinte cuadras y esperar todos los días una hora el ómnibus? Sin embargo, esto es algo que ocurre entre nosotros. Una vez que hayamos erradicado la pobreza en nuestra congregación, recién tendremos autoridad para decir al mundo que debe haber justicia social. Primero tenemos que limpiar nuestra casa.

El doce no es un número mágico. Uno debe tener tantos hijos como pueda mantener. Queremos que la iglesia permanezca unida y que cada uno esté muy consciente respecto de cuál es su lugar en el Cuerpo. Es interesante notar aquí que no todas las personas en las células en Buenos Aires eran de nuestra congregación. Había bautistas, nazarenos y también católicos que vivían en el vecindario y que querían crecer en Cristo. Asistían a las células de miembros de nuestra iglesia, pero seguían yendo los domingos a su iglesia. Sus pastores se admiraban de su crecimiento y de que no se los robábamos. Comenzaban a diezmar, a ganar a otros para Cristo, y eso hacía que hasta sus pastores se hicieran miembros de la célula. Un anciano nuestro llegó a discipular a varios pastores.

La persona que tiene a su cargo la célula no posee ningún título especial. Si logra éxito en mantener a los que gana y multiplicarse, se le llamará anciano. En la Iglesia primitiva, Esteban, Felipe y Ananías eran más espirituales, tenían más sabiduría, más poder, más dones, más de todo que lo que una persona de hoy tiene, poseedora de un doctorado en teología y ordenada de reverendo. Mi único título real ahora es el de siervo inútil (ver Lucas 17:10). La autoridad viene con la espiritualidad y el éxito en el ministerio, y esto no es algo que

El discípulo

necesariamente acompañe a los títulos. Si dicha persona crece espiritualmente, los discípulos se le someterán aun cuando no tenga ningún título. Pero si esa persona no está autorizada por Dios, aun cuando posea el título de reverendo, no le servirá de nada. Con esto no quiero decir que no se tienen que escoger los dirigentes, sino que es conveniente esperar y permitir que el Señor los haga funcionar primero. Después nos será fácil descubrirlos. Muchas veces ordenamos prematuramente a alguien y luego no sabíamos como "desordenarlo".

Las células pueden reunirse en cualquier lugar y momento. Si en el departamento hace mucho calor, pueden ir a la playa o al parque, ya que no son muchos. La hora del día no tiene importancia. No es como en la iglesia, que en la mayoría de los lugares se abre solamente a las nueve en punto los domingos por la mañana y a las siete por la tarde para los cultos vespertinos, y si uno pierde esas reuniones, no puede hacer nada. El camino del Señor es angosto, pero no tanto.

La célula tiene en cuenta dos cosas importantes: *el grupo* y *la tarea*. El grupo tiene que ser alimentado, las necesidades de cada miembro suplidas. A veces los pastores estamos muy centrados en la tarea que queremos realizar, sin tener en cuenta las necesidades de los miembros del grupo con el cual queremos hacer la tarea. No es correcto *usarlos* para lograr nuestros objetivos sin tener en cuenta sus demandas personales. El ejecutivo de una empresa ve en sus empleados una herramienta para conseguir un beneficio. En mi juventud, salí a predicar a los pueblos pequeños, entre los indios, sin dinero, sin mucho para mostrar. Cuando iba a las oficinas centrales de mi denominación, casi ni me tenían en cuenta. Cuando iba de visita la Escuela Bíblica, nadie me saludaba. Iba a las aulas, visitaba a los estudiantes, y eso era todo. Pero cuando llegué a ser pastor de una gran iglesia, todo cambió. Cada vez que iba a las oficinas centrales o al Instituto Bíblico: "Hola, pastor Ortiz.

Permítame su sombrero y su saco... ¿Le gustaría tomar una taza de te?". Ahora era importante para ellos. Y ¡pobrecito el pastor que cae en desgracia! De la noche a la mañana, otra vez se convierte en un don nadie. En la nueva vida del discipulado, sin embargo, amamos a la persona sin tener en cuenta cuál puede ser su contribución. Cada miembro de la célula es importante. El dirigente comprende que cada uno tiene sus propias aspiraciones y esperanzas. La célula está para ministrar a las necesidades de cada uno primero y, luego, para hacer la tarea, que es la Gran Comisión del Señor. Por eso, no hay que rogarle a nadie para que asista a una célula. Tampoco hay que llamar a nadie por teléfono. En el grupo, se ven realizados. Las células satisfacen su necesidad social, espiritual y aun la material; los libera de sus cargas y les enseña a enfrentar sus desafíos de manera que puedan también llevar la carga del reino y ocuparse, entonces, de **la tarea**. Una célula es exitosa cuando se ministran unos a otros sin olvidarse de la tarea: buscar a los perdidos.

La *tarea* de la célula es: la Gran Comisión del Señor Jesucristo. Tiene que hacer discípulos o de lo contrario no habría razón para la existencia de la célula. Sin embargo, la tarea nunca se llevará a cabo si los que integran el grupo no se aman y no se ayudan unos a otros. El líder debe ser orientado hacia la *tarea* y hacia el *grupo*.

10

Características de la célula

"Pablo entró en la sinagoga y habló allí con toda valentía durante tres meses. Discutía acerca del reino de Dios (...) esto continuó por espacio de dos años, de modo que todos los judíos y los griegos que vivían en la provincia de Asia llegaron a escuchar la palabra del Señor"

(Hechos 19:8 y 10)

¿Qué es lo que caracteriza a una célula? ¿En qué se diferencia de una reunión de oración en una casa de familia? La célula tiene cinco componentes: **Oración** por el propósito de la célula, **discusión** del mandamiento o mandamientos de Cristo o sus apóstoles, **planear** cómo lo van a llevar a la práctica u obedecer, recibir la **tarea** para esa semana y **multiplicarse** ganando a otros y comenzando nuevas células. Estos cinco elementos no se manifiestan todos juntos en el mismo día, pero deben tenerse en cuenta continuamente; deben existir en cada lección. No pasar a una nueva hasta que la anterior haya sido puesta en práctica. A veces una reunión puede estar totalmente dedicada a la oración si así es necesario. Pero esos cinco elementos tienen que incluirse en la vida de la célula. El énfasis está en la *práctica* y en la *multiplicación*. Esto hace a la célula diferente a todas las demás reuniones. Estos elementos los tomamos de Hechos 19, donde Pablo separó doce discípulos en Efeso y, a través de ellos, llenaron toda la providencia de Asia con el evangelio. Adoraban al Señor, recibían enseñanza, hacían planes sobre cómo se extenderían, iban a diversos lugares y fundaban muchas iglesias nuevas, algunas de las cuales se mencionan en los capítulos 2 y 3 de Apocalipsis. La célula es un grupo de hacedores de la palabra, no de oidores. Las nuestras son congregaciones de oidores. La razón es obvia. Si nosotros hablamos, y hablamos y seguimos hablando en cada reunión, la gente no podrá hacer otra cosa que oír.

Estudios realizados por gente especializada nos dicen que las personas recuerdan solamente el veinte por ciento de lo que oyen y si no lo ponen en práctica, en diez días se lo olvidan. De lo que aprendimos en la escuela, solo recordamos lo que hemos seguido practicando hasta hoy. Leer y escribir, sumar, restar, multiplicar. Pero no nos acordamos de logaritmos, ecuaciones, la historia de China o un idioma extranjero, porque no lo hemos seguido practicando. Jesús no dijo: *"Enséñenles a que oigan todas las cosas que yo les he mandado"*, sino *"Enséñenles a que observen o guarden las cosas que yo les he mandado"*. Por eso, la discusión en nuestras células incluye cómo vamos a aprender la lección o el mandamiento. No son tanto lecciones como proyectos para hacer.

Anteriormente, en nuestra iglesia seguíamos este plan: los martes reunión de oración. Ese día predicábamos: "Hermanos, oren, oren. La oración cambia las cosas. La oración es lo más importante". La gente se iba a su casa decidida a orar más que nunca. Y el jueves volvían para el estudio bíblico. Estábamos por la mitad del libro de Nehemías. Nos referíamos al muro derrumbado de Jerusalén y cómo Nehemías lo reconstruyó. ¡Qué gran hombre que fue! ¡Hoy necesitamos más Nehemías! Y así la gente se olvidaba de la oración y procuraba imitar a Nehemías. El domingo por la mañana, teníamos la Escuela Dominical. Estudiábamos el Tabernáculo con todos sus hermosos tipos de Cristo en el atrio, el lugar Santo... ah, eso también era importante. Y al finalizar, pasábamos al culto dominical matutino. Yo predicaba sobre la santidad. "Sin santidad no podemos agradar al Señor –les decía–. Dios quiere un pueblo santo". De modo que volvían a sus casas meditando sobre la santidad, olvidándose todo sobre la oración, Nehemías y el Tabernáculo. Y por la noche, volvían al culto vespertino, y yo les predicaba: "Hermanos, ¡el Señor viene pronto! ¡Debemos prepararnos para la Segunda venida de Cristo!". Y por años, un montón de mensajes por semana. ¿Qué podía hacer mi gente además de escuchar? ¡Cinco mensajes en una semana! Cincuenta y dos semanas por año: 260 mensajes. Les hubiera valido más escuchar uno solo y no volver a escuchar otro hasta haberlo practicado, porque con solo ese mensaje ejercitado hubieran crecido más que con 240 no aplicados. A veces, una lección nos lleva dos meses o más para practicarla. La iglesia ha cambiado mucho desde que practicamos lo que oímos. No edificamos más sobre la arena.

Pablo le dijo a Tito:

Tú, en cambio, predica lo que va de acuerdo con la sana doctrina. A los ancianos, enséñales que sean moderados, respetables, sensatos, e íntegros en la fe, en el amor y en la constancia. A las ancianas, enséñales que sean reverentes en su conducta, y no calumniadoras ni adictas al mucho vino. Deben enseñar lo bueno y aconsejar a las jóvenes a amar a sus esposos y a sus hijos, a ser sensatas y puras, cuidadosas del hogar, que no se hable mal de la palabra de Dios ... Enseña a los esclavos a someterse en todo a sus amos, a procurar agradarles y a no ser respondones ... Recuérdales a todos que deben mostrarse obedientes y sumisos ante los gobernantes y las autoridades. Siempre deben estar dispuestos a hacer lo bueno.

(Tito 2:1-5, 9; 3:1)

Note que la sana doctrina no tiene mucho que ver con el premilenialismo o el posmilenialismo, sino con la obediencia a lo que Cristo manda.

En las iglesias, hay muy "buenos" ancianos y diáconos que estampan su firma al pie de los artículos de fe, creen en el nacimiento virginal, en la segunda venida de Cristo, en el milenio y todo lo demás, pero no son buenos esposos, no tratan bien a sus hijos, sobrepasan los límites de velocidad fijados por la ley, no pagan sus impuestos honestamente, etcétera. En las células, discutimos estas cosas. Supongamos, por ejemplo, que la lección trata sobre los esposos. La primera semana discutimos todo el material de la lección. A la semana siguiente, repasamos el material por medio de preguntas y respuestas, para cerciorarnos de que todos comprendan cuál debería ser su relación con su esposa e hijos. En la tercera semana, volvemos a comenzar con el primer punto de la lección: "El esposo es la cabeza del hogar". Discutimos sobre cómo poner esto en práctica. El dirigente se vuelve a Roberto y le dice:

–Bueno, Roberto, ¿realmente eres la cabeza de tu hogar?

–La verdad es que –dice Roberto– últimamente estamos teniendo muchos problemas. Me parece que no soy la cabeza de mi hogar, porque no sé cómo resolverlos.

–¿Qué es lo que te pasa?

–Mi suegro falleció hace poco. Tenía un perro grande al que quería muchísimo. Al fallecer él, trajimos a mi suegra a vivir con nosotros, y por supuesto, trajo al perro; porque para ella es un recuerdo de su finado esposo. El problema es que el departamento es muy chico como para también tener un perro. Yo digo que tenemos que deshacernos de él. Mi esposa me dice: "Pobre mamá. Está viejita. El perro le hace acordar a papá. Por favor, no seas así. Deja que el perro se quede". No nos ponemos de acuerdo. Ni siquiera sé si quiero seguir viviendo más en mi casa.

–Escucha Roberto –dice alguien de la célula–, yo puedo ayudarte. Vivo en lo suburbios y tengo bastante terreno. Si quieres yo puedo hacerme cargo del perro por un tiempo.

–Entonces tienes que llevarte también a mi suegra, porque ella quiere estar con el perro. Le dije a mi esposa hace tres días que si cuando llegaba del trabajo el perro seguía en casa, no le iba hablar. Hace ya dos días que no le hablo, no se cómo arreglar este asunto.

–No, Roberto –señala el dirigente–. Es posible que Dios mandara al perro a tu casa para enseñarte algo que no sabías. La cabeza no es el que manda o el que dice la última palabra. La cabeza es el que piensa, que tiene sabiduría, que trae las soluciones a los problemas. ¿Cómo es posible que le hayas dado a un perro tanto poder? El perro está controlando tu casa. Está desmembrando la familia, ¡un perro!

–Escuchen –añade otro–, tal vez el perro no tendría que

estar en el departamento, es posible que tengas razón, pero a lo mejor Dios quiere que aprendas algo que no sabías. Vamos, Roberto, te estás distanciando de tu esposa, estás haciendo sufrir a tu suegra. En realidad el problema eres tú, no el perro.

–No, no. ¡No puedo! –Se defiende Roberto.

–No te preocupes –dice el dirigente-. Vamos a orar por ti para que Dios te ayude a aceptar al perro y a demostrar así el amor a tu esposa y a tu suegra. Ven, siéntate en el medio. Todos te vamos a rodear y oraremos por ti. Señor, ayuda a Roberto. Dale victoria sobre ese animalito. Dale amor por su esposa y por su suegra. Por favor, Señor, ayúdalo, amén.

–Gracias –Roberto empieza a sollozar. Quebrantado dice a los pocos momentos–: Bueno, gracias, me parece que ahora puedo hacerlo.

–Perfecto –le decimos–. Ahora, cuando vayas rumbo a tu casa, haz un alto en el camino y compra un lindo collar para el perro. Si no te alcanza el dinero, no te hagas problema que entre todos te vamos a ayudar. Tienes que aprender a querer al perro.

Pero lo que Roberto ignora es que, en ese preciso momento, su esposa está reunida en otra célula con mi esposa. Ella también se refiere al problema que les está causando el perro. Mi esposa le dice:

–Escucha, tu esposo es la cabeza del hogar y ha sido muy bueno en traer a tu mamá a vivir con ustedes. Trata de convencer a tu madre de que le dé el perro a alguien que tenga lugar apropiado. Si tu esposo dice que el perro tiene que irse, pues tendrá que irse. Llévalo a un lugar donde puedan ir a verlo una o dos veces por semana.

–La verdad que nunca se me había ocurrido –contesta la esposa de Roberto–. Es cierto que él es la cabeza de nuestro hogar, y debemos obedecerle. Es verdad que el perro no cabe en nuestro departamentito. Voy a hablar con mamá.

Ya en su casa, la mujer convence a su madre para que regalen al perro. Más o menos a la misma hora, también llega Roberto y trae un collar para el animal. Él dice:

–Perdóname querida, por no haberte hablado. El Señor ha tratado conmigo, y he decidido que el perro quede en casa.

–No –dice ella–, ya mamá decidió que lo regalemos.

–No, no –dice Roberto–, ahora quiero al perro, porque me enseñó una lección muy grande: amar a mi esposa como Cristo ama a la Iglesia.

Cosas así no se pueden lograr en un culto matutino del domingo. Esa tercera semana, una vez que oramos por Roberto, comenzamos con Felipe y después con otros. Ahora comprende por qué a veces las lecciones de las células duran de cuatro a seis semanas. Y a la semana siguiente, llegan las noticias de lo ocurrido. Roberto nos dice:

–Posiblemente no crean lo que pasó cuando llegué a casa…

Y todos nos gozamos con él.

En la quinta semana, pasamos al punto siguiente de la lección: "Los esposos deben amar a sus esposas". Aquí tenemos la parte mística del matrimonio. Todos decidimos llevar flores o dulces a nuestras esposas, y entonces el hogar es un pedazo de cielo aquí en la tierra. Después de cinco semanas, llegamos al tercer punto de la lección: "Los esposos deben proveer para las necesidades de la familia". Y aquí empiezan las quejas por el alza del costo de vida. De pronto, entre las quejas, alguien cuenta cómo él, con algunos vecinos, compran carne y papas al por mayor, lo que les permite ahorrar dinero. Alguien cuenta de qué manera es posible hacer un presupuesto para distribuir bien el dinero. La célula entera decide comprar al por mayor los ingredientes de la canasta familiar y los reparten en la reunión a precio de costo; así llegan a ahorrar hasta un cuarenta o más por ciento. Como otras células quieren acoplarse, la iglesia les ofrece el sótano para las mercaderías, y terminan alquilando una casa vecina y abriendo una cooperativa.

Las células no son meramente para hablar sobre el cielo, los serafines y demás. Conversamos sobre el costo de vida, la política, el deporte, la educación de los hijos, etc., porque somos personas integrales. No somos meramente "almas". En el reino de Dios, no hay tal cosa como un evangelio espiritual y un evangelio social. Todo forma parte del evangelio del reino. Y lo que es más, en mis ilustraciones, usted puede ver la importancia de abrirse a los hermanos. Si Roberto poseyera un espíritu rebelde y no se hubiera abierto, nada habría ocurrido. El quebrantamiento no es cuestión de lágrimas, sino de obediencia. Muchas veces he visto a personas empapar más de un pañuelo durante una reunión y aun así no estar quebrantados. No es tanto el llorar, sino el decidir intencionalmente obedecer. La obediencia es sumisión, por supuesto esa sumisión está basada en el amor y la confianza.

Luego, quizá después de unos dos meses, acabamos de ver la lección respecto de los esposos. Y, en ese tiempo, ya ha habido una revolución en los hogares. ¿Por qué? Porque de oidores pasamos a ser hacedores de la Palabra. Y como las esposas están con mi esposa, nosotros comentamos y ministramos uno al otro según sus necesidades. Las células son las verdaderas coyunturas, ligamentos y músculos de la Iglesia, la fortaleza. La reunión dominical, la piel, la belleza. Las células internas tienen que ser fuertes y sanas porque de lo contrario, con el tiempo, la piel irá muriendo. Pero cuando las células están vivas, y los discípulos se van formando durante las veinticuatro horas del día a lo ancho y a lo largo de una ciudad, las reuniones dominicales estarán rebosantes de salud. Reuniones lindas los domingos sin células por la semana es como una hermosa gelatina. Las células solas, sin las reuniones unidas para cantar y adorar, son como un esqueleto sin piel. Cumplamos el mandato de Jesús. Procuremos que la Iglesia vuelva a ser un grupo de discípulos fieles y obedientes al Señor.

11

La promesa
del Padre:
Un corazón nuevo

*"Ahora voy a enviarles lo que ha
prometido mi Padre; pero ustedes
quédense en la ciudad hasta que
sean revestidos del poder de lo alto"*

(Lucas 24:49)

Todo cuanto he escrito hasta aquí es importante para la renovación de la Iglesia. Sin embargo, antes que esta renovación pueda darse, necesitamos conocer y comprender la promesa del Padre. Este capítulo y el siguiente son para que no se apodere el legalismo en los grupos, para alentarnos en la gracia de Dios y para que seamos más humildes en nuestra relación con nuestros hermanos y hermanas.

Cuando Jesús se refirió a la promesa del Padre, no dijo: "He aquí yo envío *una* de las promesas de mi Padre". Algunos comentaristas señalan que hay unas seis mil promesas en La Biblia. Sin embargo, cualquiera sea el número, los discípulos del Señor comprendieron perfectamente lo que Él quiso decir al señalar que enviaría *la* promesa del Padre. Hoy podemos comprender y conocer esa promesa, porque la Escritura nos habla de manera clara y definida sobre ella. Cuando Dios hizo al hombre, sabía que fracasaría, pero en este fiasco, tenía un propósito: glorificarse a sí mismo, su carácter, su gracia y su amor. La ley de Moisés no solucionó nada, sino que empeoró la situación. Le demostró al hombre que nadie, ni uno solo, podía cumplirla. Todos vivían bajo condenación, sin esperanza y maldecidos (ver Deuteronomio 28:15-68), porque la tendencia heredada de Adán y Eva era rebelde, y la historia de la humanidad es una historia de fracasos en cuanto a obedecer a Dios. Aun los que de verdad querían cumplir con los requerimientos de un Dios santo y vivir una vida santa no podían a pesar de su esfuerzo.

Entonces Dios prometió hacer algo para ayudarnos. Nos prometió su gracia. A través de Jeremías dice:

Vienen días –afirma el Señor– en que haré un nuevo pacto con el pueblo de Israel y con la tribu de Judá. No será un pacto como el que hice con sus antepasados el día en que los tomé de la mano y los saqué de Egipto, ya que ellos lo quebrantaron a pesar de que yo era su esposo –afirma el Señor–. Éste es el pacto que después de aquel tiempo haré con el pueblo de Israel –afirma el Señor–: Pondré mi ley en su mente, y la escribiré en su corazón. Yo seré su Dios, y ellos serán mi pueblo. Ya no tendrá nadie que enseñar a su prójimo, ni dirá nadie a su hermano: "¡Conoce al Señor!", porque todos, desde el más pequeño hasta

el más grande, me conocerán –afirma el Señor–. Yo les perdo-
naré su iniquidad, y nunca más me acordaré de sus pecados.

(Jeremías 31:31-34)

Dios señaló que este nuevo pacto sería completamente distinto del pacto que había hecho cuando sacó a su pueblo de
Egipto. No iba a ser más un mandamiento de afuera, sino un
deseo e impulso que manaría de nuestro interior. Dijo: *"Pondré*
mi ley en su mente, y la escribiré en su corazón...". Dios prometió que nos iba a hacer querer obedecer y que Él mismo pondría en nosotros tanto el querer agradarle como el hacerlo
(Filipenses 2:13). Por lo general, la única parte del nuevo
pacto que enseñamos y predicamos, es la última: *"Yo les perdo-*
naré su iniquidad, y nunca más me acordaré de sus pecados".
Pero eso no es todo. Hay más. ¿Cuál es la diferencia entre
"mandamientos de afuera" y "ser motivado desde adentro"?
Cuando la madre le dice a su hija que se ocupe de lavar el
patio y limpiar la casa, la joven pone reparos; no quiere que se
la obligue a hacerlo. Pero el día que presentan al novio a la
familia, se levantan temprano a limpiar, y a cocinar y a hacer
todo lo que le pida su madre. El cambio se debe a que ahora
tiene motivación interior. Es así como Dios quiere que lo sir-
vamos: voluntaria y gozosamente.

Los diez mandamientos, sin embargo, son un pálido reflejo
de la voluntad de Dios. Al pronunciar el sermón del monte,
Jesús dijo: *"Ustedes han oído que se dijo: 'Ama a tu prójimo y*
odia a tu enemigo'" (Mateo 5:43). Pero la voluntad de Dios es
mucho más que eso. Aun el más riguroso cumplimiento de la
ley divina no satisfacería a Dios, porque si lo está haciendo por
obligación, por miedo o por interés, no tiene valor.

Algunos piensan que el viejo pacto es el Antiguo
Testamento y que el nuevo pacto es el Nuevo Testamento.

Están equivocados. El viejo pacto es la ley escrita mientras que el nuevo pacto es imprimir los deseos de Dios en nuestros corazones.

Les daré un nuevo corazón, y les infundiré un espíritu nuevo; les quitaré ese corazón de piedra que ahora tienen, y les pondré un corazón de carne. Infundiré mi Espíritu en ustedes, y haré que sigan mis preceptos y obedezcan mis leyes.

(Ezequiel 36:26-27)

Note que Dios no dijo: "Voy a darles una lista de mandamientos más fáciles para que los puedan cumplir". Sino, un *corazón nuevo*, un corazón dentro del cual ya viene escrita su voluntad.

Bajo la ley, el hombre había aprendido los mandamientos de Dios de memoria, pero no pudo cumplirlos. Es con el corazón nuevo, con la palabra de Dios cimentada dentro de él mismo, que el hombre puede finalmente hacer frente a los requerimientos divinos. Con su amor y su gracia, nos dio un corazón nuevo y puso un espíritu nuevo dentro de nosotros. Es solamente mediante la gracia de Dios que se puede obedecer sus deseos. No es una gracia posicional o teórica, sino que es gracia práctica. Es una relación dinámica con Dios que nos impulsa con su Espíritu Santo a hacer su voluntad. Él hace que caminemos en ella. *"Infundiré mi Espíritu en ustedes, y haré que sigan mis preceptos y obedezcan mis leyes".* Dios mismo lo hace en nosotros. El desafío más grande de la humanidad es obedecerlo. La promesa del Padre es precisamente para que eso sea posible. La ley sola no puede lograr el éxito, porque nadie la puede cumplir. La gracia en cambio nos da la capacidad para cumplirla: *"Pero si los guía el Espíritu, no están bajo la ley"* (Gálatas 5:18). La salvación de Dios es perfecta y segura, porque es por gracia. *"Así el pecado no tendrá dominio sobre ustedes, porque ya no están bajo la ley sino bajo la gracia"* (Romanos 6:14). Dios nos llena de su Espíritu para que podamos agradarle voluntaria, intencional y alegremente, y nos libra de la ley mediante la muerte de Cristo (ver Romanos 7:4) para que, si fallamos en algo, no nos sintamos condenados. La gracia nos da perdón y vida nueva. Perdón y capacidad para vivir en santidad. Pero al librarnos de la ley, si fallamos, eso está incluido en el perdón. En otras palabras, aunque los que ponemos la fe en Cristo no seamos perfectos, tenemos mucho más capacidad de obedecer que los que no tienen el Espíritu de Cristo. Pero también tenemos el perdón si fallamos. La salvación es segura. *"La sangre de su Hijo Jesucristo nos limpia de todo pecado"* (1 Juan 1:7). La promesa del Padre es: *"Perdonaré su iniquidad, y nunca más me acordaré de sus pecados"* (Jeremías 31:34) e *"Infundiré mi Espíritu en ustedes, y haré que sigan mis preceptos y obedezcan mis leyes"* (Ezequiel 36:27). Perdón total y capacidad para guardar sus estatutos y preceptos por el poder del Espíritu Santo. A veces pensamos que el poder del Espíritu es para hacer milagros y levantar muertos, pero el verdadero motivo inicial, lo que motivó a Dios darnos la promesa del Espíritu Santo, es para *hacernos andar en sus caminos y guardar sus preceptos.* Muchos de nosotros queremos levantar muertos, cuando todavía no hemos aprendido a usar el poder para obedecer a Dios. Poder para no mentir, poder para no chismear, poder para no comer más de lo debido, poder para vencer la pornografía, poder para hacer ejercicios, poder para hacer dieta, poder para obedecer a nuestros padres, poder para conformarnos con un cónyuge...

Debemos tener presente que el viejo pacto está basado en leyes escritas que tienen que *obedecerse,* mientras que el nuevo pacto se basa en recibir un corazón nuevo y al Espíritu Santo

El discípulo

que nos guiará a toda verdad y nos hará andar en sus caminos. Cuando usted alcance a comprender esto, será la persona más dichosa del mundo y además vivirá una vida nueva. El Espíritu Santo no es parte de la voluntad de Dios, sino que es toda su voluntad, como lo era el viejo pacto. Ahora ella no está escrita en papel, sino en nuestro corazón, en la conciencia. Obedecer a la conciencia es muy importante. Esta nos hace saber la voluntad de Dios. Bajo el viejo pacto, se nos mandaba: no robe, no fornique, no mienta, pero no se nos daba el poder para hacerlo. En el día de Pentecostés, Pedro y los otros discípulos recibieron el Espíritu de la Promesa del Padre, tal como había prometido Jesús. Ahora tenían un corazón nuevo, tierno, fácil de manejar por Dios, y el Espíritu les empezó a dar las ganas de cumplir su voluntad. Por eso, comenzaron a hacer cosas que ni eran requeridas en la ley, como tener los bienes en común, compartirlos con los pobres, etcétera. Eso no estaba escrito, nació de adentro.

En muchas oportunidades, el Señor hizo referencia a esta promesa. En Juan 14:26 leemos: *"Pero el Consolador, el Espíritu Santo, a quien el Padre enviará en mi nombre, les enseñará todas las cosas y les hará recordar todo lo que les he dicho"*. Cuando recibieron el Espíritu, sus vidas fueron cambiadas. Empezaron a vivir una vida que hacía más de lo que la ley pedía. ¡Qué gloriosa es la Promesa del Padre! Los discípulos empezaron a compartir sus cosas unos con otros, a amarse unos a otros, a gozarse cuando padecían persecución. No poseían Biblias ni tampoco material para la Escuela Dominical, o grabadoras o Google. Contaban tan solo con aquello que Dios les daba. Fe en la Promesa del Padre que los hacía andar en sus caminos y guardar sus preceptos más de lo que la ley pedía. Podían cantar en la celda de la cárcel, aun cuando habían sido golpeados y encadenados. Veamos cuál era el significado de tener un corazón nuevo en la Iglesia primitiva:

Es evidente que ustedes son una carta de Cristo, expedida por nosotros, escrita no con tinta sino con el Espíritu del Dios viviente; no en tablas de piedra sino en tablas de carne, en los corazones. Esta es la confianza que delante de Dios tenemos por medio de Cristo. No es que nos consideremos competentes en nosotros mismos. Nuestra capacidad viene de Dios. Él nos ha capacitado para ser servidores de un nuevo pacto, no el de la letra sino el del Espíritu; porque la letra mata, pero el Espíritu da vida.

(2 Corintios 3:3-6)

Tanto usted como yo somos cartas de Cristo al mundo, escritas con el Espíritu Santo en nuestro corazón, el centro de nuestro ser, en la conciencia. Esa es la promesa del Padre. Solamente siendo ministros del nuevo pacto, del Espíritu, podemos escribir la voluntad de Dios en las personas. Si ministramos viejo pacto —es decir, letra–, podremos escribirlo solamente en papel, no en los corazones. Cualquier seminario o escuela bíblica puede hacer ministros de La Biblia, la letra o viejo pacto; solamente Dios puede hacernos ministros del Espíritu del nuevo pacto. El ministro del Espíritu ministra Espíritu y vida, fuerza, energía, capacidad para hacer el bien. El ministro del viejo pacto dice: "Lea lo que dice La Biblia y hágalo"; pero como la gente no puede hacerlo, queda condenada. La letra mata. Cada creyente debería preguntarse: "¿Qué es lo que estoy ministrando? ¿Estaré ministrando la letra que mata o el espíritu que da vida, que da la capacidad de hacerlo?". Tengo que confesar que, durante muchos años, maté a la gente porque con la letra tenía un ministerio de condenación. Aun cuando era sincero y hacía lo mejor que podía, la mayor parte de mi ministerio era tan solo en el viejo sistema. Si ministramos la letra, condenamos y matamos, en cambio si ministramos el espíritu, damos vida y salvación a la gente. Le proporcionamos los medios para hacer la voluntad de Dios. Viejo pacto señala el problema, nuevo pacto da la solución.

12

La promesa del Padre: Un nuevo poder

"Porque el reino de Dios no es cuestión de palabras sino de poder"

(1 CORINTIOS 4:20)

Muchas veces parecería que aquel que sabe más versículos bíblicos y el que puede explicarlos mejor es el predicador más popular o el creyente más espiritual. Pero no es así. Si lleva una linterna en la espalda, no verá el camino, y si alguien enfoca la linterna en sus ojos, tampoco. Es necesario enfocar la linterna adelante para que todos puedan ver la senda. La letra es *"una lámpara a mis pies; es una luz en mi sendero"* (Salmo 119:105). Nosotros no caminamos sobre la lámpara, sino sobre el camino, y la lámpara nos lo alumbra. Los liberales ponen su Biblia en la espalda, los fundamentalistas sobre sus ojos, ninguno ve el camino. La Biblia debe estar en el lugar apropiado para que nos ayude más. No debe estar encima del Espíritu Santo. Debemos ubicarla donde Dios quiere que la pongamos. La Biblia es el libro que nos guía a la verdad total cuando está en el verdadero ángulo, dando luz sobre el camino que es Dios mismo. Cuanto más leo las Escrituras, tanto más sed siento por aquello de lo cual ella habla. El libro santo es un medio para conocer al Padre, al Hijo y al Espíritu Santo, pero no un fin en sí mismo. Conociendo los versículos que hablan de la Divinidad, no conozco a la Divinidad. Leer un libro sobre Río de Janeiro no es conocer Río de Janeiro. Muchos hemos hecho un ídolo de las Sagradas Escrituras. Si los magos de oriente hubieran adorado la estrella en lugar de adorar a Jesús, hubieran creado un ídolo y perdido el verdadero propósito de la estrella, guiarlos al Rey. La estrella apareció para ayudarlos en su búsqueda, fue un medio, no un fin. En algunas ediciones del Nuevo Testamento, vienen "ayudas" para diversas circunstancias. "Si necesita consuelo, lea el Salmo 23". "Si está atravesando momentos difíciles, lea el Salmo 46". ¡Ministros del viejo pacto! De la letra. Pablo, en cambio, dio la realidad de la cual la sombra hablaba (Hebreos 10:1). Podemos ministrar sombra de Cristo o la realidad de Cristo, él mismo. Si seguimos la sombra, llegaremos a la realidad. Si seguimos las enseñanzas de la Escritura, llegaremos a lo real. *"Ustedes estudian con diligencia las Escrituras porque piensan que en ellas hallan la vida eterna. ¡Y son ellas las que dan testimonio en mi favor! Sin embargo, ustedes no quieren venir a mí para tener esa vida"* (Juan 5:39-40). Cristo mismo es la realidad. Las Escrituras deben llevarnos al Espíritu del Señor. Debemos ser ministros del Espíritu, de Jesús mismo, no de la letra. Debemos poner a Cristo en las vidas de los discípulos, no solamente los versículos. Si citamos un texto que hable *acerca* de la paz, estamos ministrando la sombra, la letra de la paz, pero si *ministramos paz*, estaremos manifestando lo auténtico. El ministrar lo genuino es posible cuando seguimos la guía del Espíritu. Jesús dijo a los discípulos que, cuando llegaran a una casa, dijeran "la paz sea sobre esta casa", y que la paz reposaría allí. Y si los dueños no los recibían, la paz volvería a ellos. No iban por las casas haciendo estudios bíblicos sobre la paz, sino **llevando la paz misma**. No la letra, sino el espíritu de la paz, la vida, la paz viviente. Si ministramos nuevo pacto, en vez de *hablar* sobre el amor, debemos poner el amor en acción. Esto es lo que significa *"son una carta de Cristo, expedida por nosotros, escrita no con tinta sino con el Espíritu del Dios viviente; no en tablas de piedra sino en tablas de carne, en los corazones"* (2 Corintios 3:3). El ministro del nuevo pacto es el que escribe con el Espíritu Santo en el corazón de sus discípulos una carta de Dios al mundo. Esto es el fruto del Espíritu que es amor, gozo, paz, paciencia, benignidad, bondad, fe, mansedumbre, templanza en la vida de sus seguidores. Esto es mucho más que la ley; la sobrepasa, la desborda. Por cuanto el amor es el cumplimiento de la ley, el fruto del Espíritu es el nuevo pacto. Es espíritu y verdad. Si nosotros *solo* hablamos acerca de paz o *hablamos* acerca del amor, si proporcionamos meramente algunos versículos de la Escritura tocante a esas cosas, en realidad estamos ministrando viejo pacto. Pero si *comunicamos* paz y *comunicamos* amor, estaremos dando el espíritu de la paz, de la realidad y del amor, o nuevo pacto. Esa es la diferencia entre el viejo y el nuevo pacto. La letra es la sombra de la realidad prometida; el Espíritu *es* la realidad o cumplimiento de esa promesa.

Bajo el viejo pacto, la realidad estaba detrás del velo, y para muchos creyentes, está velada por la letra. Para ellos la cortina no se rompió, la entrada al lugar santísimo todavía está vedada.

Todavía viven bajo la ley. Si leemos: "No tocar. Pintura fresca", nos da más ganas de tocarla para ver si está realmente fresca. La ley dice: "Prohibido arrojar basura", nosotros arrojamos basura. La ley dice en el ómnibus: "Prohibido fumar", y el mismo chofer fuma. La ley es buena, pero no tiene poder para impedir que hagamos lo que nos prohíbe. Pero el Espíritu Santo nos capacita con amor, gozo, paz, tolerancia, amabilidad, bondad, fe, humildad y dominio propio para poder agradar a Dios. Esto es nuevo pacto, la capacidad de hacer la voluntad de Dios es lo que tenemos que ministrar a los que vienen cansados de vivir en pecado, porque no pueden dejarlo. Ya no estamos bajo la ley, sino bajo la gracia.

Por lo tanto, ya no hay ninguna condenación para los que están unidos a Cristo Jesús, pues por medio de él la ley del Espíritu de vida me ha liberado de la ley del pecado y de la muerte. En efecto, la ley no pudo liberarnos porque la naturaleza pecaminosa anuló su poder; por eso Dios envió a su propio Hijo en condición de pecado, para que se ofreciera en sacrificio por el pecado. Así condenó Dios al pecado en la naturaleza humana, a fin de que las justas demandas de la ley se cumplieran en nosotros, que no vivimos según la naturaleza pecaminosa sino según el Espíritu.

(Romanos 8:1-4)

Este es el nuevo pacto. Si usted quiere seguir bajo el viejo, es elección suya. Pero la promesa del padre –o nuevo pacto– es: *"Les daré un nuevo corazón, y les infundiré un espíritu nuevo ...y haré que sigan mis preceptos y obedezcan mis leyes"* (Ezequiel 36:26-27). Es Dios que lo hace en nosotros, no nosotros. Esta promesa es la esperanza del mundo. El discipulado no es pesado. Jesús dijo que su yugo no era pesado. Seguir a Jesús en sus términos no es difícil, porque Él mismo nos da la capacidad para hacerlo.

El Espíritu Santo de la promesa fue prometido a toda carne... La autoridad o supremacía de Cristo debe restablecerse en la Iglesia. Él siempre fue la Cabeza, pero nosotros no siempre estuvimos unidos a Él como Cabeza. La alabanza está siendo restablecida, y la adoración, también. Los dones del Espíritu nuevamente se están manifestando, pero lo más grande que está volviendo a restablecerse es la Promesa del Padre en su plenitud: el nuevo pacto.

Los que son guiados por el Espíritu no predican herejías. Las herejías son el resultado de quienes predican las Escrituras y las tuercen. Note cuántas doctrinas diferentes existen, y todas reclaman como su fuente la Escritura: mormones, adventistas del Séptimo Día, pentecostales, presbiterianos, bautistas. Casi todos los años, nos enteramos de que alguien ha comenzado una nueva doctrina basándose en la Palabra.

Sin embargo, las Escrituras en sí no son peligrosas. Creo en el empleo de ellas en la perspectiva correcta: apuntar el camino del Espíritu de la realidad de Dios. El nuevo pacto es Espíritu, mientras que el viejo pacto es letra escrita. Es necesario que hablemos las palabras que son espíritu y vida, y no meramente repitamos la palabra escrita. La palabra se cumple cuando Él nos imparte la vida que ella dice. Jesús dijo: *"¡Si alguno tiene sed, que venga a mí y beba! De aquel que cree en mí, como dice la Escritura, brotarán ríos de agua viva. Con esto se refería al Espíritu que habrían de recibir más tarde los que creyeran en él. Hasta ese momento el Espíritu no había sido dado"* (Juan 7:38-39).

Esa es la Promesa del Padre; no un libro, sino una experiencia real. Es en el *interior* donde está la fuente de vida y no en un libro. El libro es el que nos dice que miremos adentro nuestro, donde está la fuente de aguas de vida. El libro nos indica que si creemos en Jesús, de nuestro interior fluirán ríos de agua viva, el agua no fluirá de un libro. El libro es precisamente el que nos dice de dónde fluirá esa agua viva. Una cosa es tener una foto de unos ríos, y otra es tener los ríos adentro de uno. La plenitud de la Promesa del Padre es más que el "pequeño" bautismo en el Espíritu Santo que hemos heredado de nuestros amados hermanos pentecostales, de los cuales yo soy uno. La evidencia de recibir la Promesa del Padre es mucho más que hablar en otras lenguas. Es tener la capacidad de agradar a Dios. Es el Espíritu haciéndonos andar en sus caminos y ayudándonos a guardar sus estatutos para ponerlos por obra. Es la gracia del Dios viviente en nosotros. En los primeros días del siglo pasado, el Espíritu Santo una vez más empezó a manifestarse en la Iglesia, y los pentecostales institucionalizamos la experiencia más o menos así: "Nosotros creemos en el bautismo en el Espíritu Santo según Hechos 2:4". Sin embargo, si usted cree solamente como pasó en Hechos 2:4, recibirá solamente Hechos 2:4. ¿Y qué hay de los versículos 5, 6, 7, 8, 31, 32 y 33? ¿Qué me dice acerca de compartir las cosas, vender los bienes y darlos a los pobres? ¡Ah, no! Nuestro credo es según Hechos 2:4. ¿Qué del nuevo corazón, qué del Espíritu que nos hace andar en sus caminos y cumplir sus preceptos? El gran problema de la humanidad no era que no podían hablar en lenguas, sino que no podía hacer la voluntad de Dios y agradarle. Para solucionar esto es la Promesa del Padre. Cuando uno busca experimentarla, no tiene que concentrarse en la lengua para ver si esta se mueve sola, sino en el corazón y en la conciencia. Debemos pedir que Dios escriba sus deseos en el corazón, y que su Espíritu nos haga andar en sus caminos y guardar sus preceptos. Si hablamos en lenguas cuando eso sucede, ¡bienvenidas! Las lenguas son como la campana de la estación que anuncia la llegada del tren, la Promesa del Padre es el tren.

Hechos 2:4 solo no es la promesa del Padre, sino Jeremías 31:33-34 y Ezequiel 36:26-27. Y muchísimas escrituras más, como Joel, por ejemplo. Por lo tanto, si usted también tiene esa declaración de fe, agregue a Hechos 2:4: "Creo en el bautismo en el Espíritu Santo de acuerdo con las Escrituras, desde Génesis hasta Apocalipsis". Hechos 2:4 es meramente una pequeñísima porción de lo que es en realidad la Promesa del Padre.

Es un hecho que no se puede negar, que en lo que va de este siglo, Dios usó a la Iglesia pentecostal. Es sabido que es la denominación que crece más rápidamente en toda América Latina. Fue ella que sacó a la luz algo que, por muchísimo tiempo, había estado oculto. Además hace énfasis en el hecho de que los dones del Espíritu son algo para la Iglesia contemporánea. Pero lo trágico es cuando, al hacer de una doctrina una denominación, por el énfasis a lo nuevo, descuidamos la verdad total. Esta reside en Jesús y en toda la iglesia, y no solamente en un sector. Para que busquemos la unidad, el Señor da a cada dirigente una pieza del rompecabezas de la Iglesia. Si cada uno de los que tiene una pieza de ese rompecabezas se une, entonces se podrá ver todo el cuadro, el gran mosaico de Dios que es la Iglesia. Pero aquel que recibe una experiencia de santidad, o de lenguas, o de caerse al suelo, o de reírse, o de hacer llover polvo de oro, danzar, gritar, estar en silencio, creer en el TULIP (los cinco puntos del Calvinismo) y de ella funda una denominación, no escuchando las voces, verdades y experiencias de las otras, pierde mucha riqueza. La riqueza no está en la división, sino en la Unidad.

La Iglesia católica cometió una tremenda equivocación al expulsar a Martín Lutero. Si lo hubiera escuchado, hubiera podido ser renovada. Sin embargo, nosotros, los llamados evangélicos, hacemos lo mismo. Contamos como nuestros solamente a los que piensan como nosotros.

Si la Iglesia pentecostal hubiera dado el mismo énfasis a amarse unos a otros como dio al hablar en lenguas, la historia de este siglo hubiera sido diferente. Si con el éxito obtenido en los países del Tercer Mundo, hubiera puesto su énfasis en el fruto del Espíritu, tal como puso en las lenguas; si en vez de decir que el que no habla en lenguas no ha recibido el Espíritu Santo, hubiera dicho: "Si no ama, ni tiene gozo, ni paz, ni amabilidad, ni bondad, ni fe, ni humildad, ni dominio propio, no tiene el Espíritu Santo"; si hubiera orado, ayunado e impuesto las manos sobre la gente hasta que lo logre, como hicieron para que hablaran en lenguas, la historia de la Iglesia hubiera sido otra.

La experiencia que tuvimos los carismáticos es como el internarse en un río con el agua llegándonos hasta los tobillos. Lógicamente, aquellos que viven en un desierto espiritual, que se encuentran secos, sedientos de agua durante años y años, cuando apenas están pisándola, creen que es la plenitud. Cuando les decimos a nuestros hijos: "Vamos al río", estamos dando a entender que vamos a la orilla del río. Pero cuando es Dios el que dice: "Vamos al río", nos está diciendo que nos metamos *dentro del río*. Cuando viene un evangelista y chapotea un poco en esa *playita*, nos mojamos los pies, nos salpicamos como los chicos y gritamos: "¡Avivamiento! ¡Avivamiento!". Pero cuando el evangelista se va, volvemos a estar con el agua que apenas nos moja los tobillos. Ya hemos tenido muchas de esas experiencias.

Ahora, empero, es necesario que entremos en el río hasta que no hagamos pie, hasta que nos arrastre. El río de Dios nos lleva aguas adentro, porque ese es el curso seguido por Él. En la actualidad, *nosotros* somos los que en muchas maneras estamos dirigiendo al Espíritu. Esto es porque todavía tocamos fondo y podemos controlar a dónde queremos ir. Pero cuando estemos metidos en aguas profundas, el río será el que nos llevará por donde él quiere llevarnos.

El río de Dios no es algo de ahora, es el nuevo pacto, la gracia, la vida en el Espíritu. En la Escritura, la Promesa del Padre es la promesa del Espíritu Santo que vendría a ayudarnos a ser lo que nosotros por nuestra cuenta no podíamos: agradar a Dios. Todas las otras promesas de las Escrituras son ramas de esta gran promesa.

Gracias a Dios por los pentecostales y los carismáticos, por el énfasis en el Espíritu Santo. Y gracias a Dios por los reformadores que nos dieron una teología profunda que comienza y termina en Dios. Gracias a la Iglesia católica por su historicidad. Y gracias a todos los sectores de la Iglesia por contribuir con sus énfasis. Qué hermoso si tuviéramos más comunión unos con otros. ¡Cuánta riqueza hay en la Iglesia!

Juan Carlos Ortiz

Esperamos que este libro
haya sido de su agrado.
Para información o comentarios,
escríbanos a la dirección
que aparece debajo.

Muchas gracias.

PENIEL
info@peniel.com
www.peniel.com